Illumination
打开

想象另一种可能

理
想
国
imaginist

MONEY
星球 金钱

[美] 雅各布·戈德斯坦 著
李昊 译

海南出版社·海口

献给亚历桑德拉、茱莉亚和奥利维亚

目录

001　作者序　金钱是杜撰出来的

第一部分　发明金钱与昙花一现的"经济革命"

007　第一章　从社会关系中诞生的金钱
019　第二章　中国商人发明了最早的纸币

第二部分　赌徒、小国王以及发明资本主义

037　第三章　金匠们重新发明银行
046　第四章　赌徒如何利用概率致富
057　第五章　如同时间旅行的金融：发明股票市场
068　第六章　逃犯约翰·劳获准印钱
079　第七章　百万富翁的诞生

第三部分　社会更富有，但并非每个人都能有更好的生活

095　　第八章　我们几乎每个人都比祖先更富有
109　　第九章　通过消灭工作致富

第四部分　人造的金本位制度与危机

123　　第十章　金本位制度：一个爱情故事
145　　第十一章　一场关于是否需要中央银行的百年争论
168　　第十二章　金钱已死；金钱万岁

第五部分　21世纪的金钱与它们所创造的世界

189　　第十三章　新货币和影子银行如何助推2008年金融危机
212　　第十四章　欧元简史：是奇迹，还是陷阱？
232　　第十五章　数字现金的激进梦想：想象一个无政府主义世界

267　　结论　金钱的未来

285　　致谢
287　　注释

作者序

金钱是杜撰出来的

2008年秋季的某天，我和姨妈珍妮特（Janet）一起外出吃饭。在其职业生涯的开端，她是一名诗人（20世纪60年代），后来拿了工商管理硕士学位（20世纪80年代），因此她是谈论金钱这个话题的理想聊天对象。在我俩见面吃饭的几周前，数万亿美元的财富瞬间蒸发殆尽。饭桌上，我问她那些钱都去哪儿了。

"金钱就是杜撰出来的。"她告诉我，"一开始根本就没有金钱。"在这个瞬间，我意识到金钱比自己所想的还要奇怪和有趣。

当时我是《华尔街日报》的记者，但负责的领域是医疗，对金融和经济所知甚少。当金融界大厦崩塌，我开始寻找能解释这一切的任何信息。我发现一个名叫"金钱星球"（*Planet Money*）的播客。这个播客的主持人们不会使用干巴巴、新闻报道一样的语言，也没有那种上帝视角的主播语气。他们聊天的感觉就像是聪明有趣的人试着一起搞清楚世界上发生的事儿，然后通过故事解释给大家听。我实在太喜欢这个播客了，于是我加入了他们。

我到"金钱星球"工作的时候，那场金融危机的高潮已经过去，于是我们开始关注不那么紧急但更基础的话题。2011年，我们上了广播节目"美国生活"（*This American Life*），问了从和珍妮特姨妈吃饭开始我就一直在纠结的问题："金钱到底是什么？"

节目主持人艾拉·格拉斯（Ira Glass）把这个问题称为自己节目上问出的"脑洞大开时才会问的问题"（"the most stoner question"）。

可能是这样吧！但即使真是如此，那也是脑洞大开后会问的好问题之一，是那种在清醒的晨光里依然会显得有趣的问题。我一次又一次地回到金钱这个问题上，每次发掘一点点，每集探索一点点。每一个小点都很有意思，但我了解得越多，就愈发感觉这里面藏着更深刻更丰富的故事，所以我开始了这本书的创作。

随着时间流逝，我明白了姨妈说金钱是杜撰之物的含义。金钱给人的感觉是冰冷而精确的，是超脱模糊混沌的人际关系的。但其实并非如此。金钱是虚构出来的，是人类共谋的杜撰之物。金钱具有根本的、无法变更的社交属性。金钱的社交属性——人类"共谋的杜撰之物"的"共谋"部分——正是让其成为金钱的关键。否则，它不过是一堆金属或者一张纸条，或者如同现今大部分金钱的形态一样，不过是银行一台电脑里的几个数字。

作为杜撰之物，金钱随着时间的流逝发生极大的变化，此过程既非循序渐进也不温柔优雅。回顾历史，能观察到其长期相对稳定的状态，然后在世界的某个角落突如其来地发疯。可能是某个狂野天才有了新的灵感，或者世界发生根本性变化以至于需要一种新的金钱，也可能是一次金融崩溃导致金钱的存在性危机。结果就是金钱的基本概念——什么是金钱，谁有权定义金钱，以及金钱能做什么——发生巨大变化。

什么东西可以或不可以成为金钱是我们做出的选择，而这些选择对谁获益多谁获益少、谁在时世平顺之际要肩负风险谁在世道艰难之时会遭受损失都有着巨大影响。我们在金钱上做出的选择造就了我们如今身处的世界：正是这个世界，当 2020 年春天疫情来袭之际，世界多国的央行可以凭空变出数以万亿计的美元、欧元和日元来对抗经济危机。未来我们还会做出不同选择，而金钱也会继续演化改变。

这些金钱的起源故事是我所知的最好方式，用以理解什么是金钱，金钱有着什么样的力量，以及我们为金钱而争斗的时候到底是在争斗什么。这本书就是关于这些历史时刻的故事，它们充满意外、愉悦、才华和疯狂，也正是它们带来我们今天所熟知的金钱。

第一部分

发明金钱
与昙花一现的"经济革命"

金钱的起源和我们想的不一样;这个故事更复杂、更血腥,也更有趣。婚姻和谋杀是金钱起源的一部分,就连写作的诞生也是。金钱和市场一起成长,它们让人类更自由,但有时候,也让人类更脆弱。

第一章

从社会关系中诞生的金钱

1860年前后,一位名叫泽妮小姐(Mademoiselle Zélie)的法国歌手同自家哥哥以及另外两位歌手一起环球巡演。在南太平洋一个没人用钱的小岛上,歌手们同意岛民们使用任何他们能拿得出的物品换取演出门票。

演出大获成功,连一位当地的酋长都来了。歌手们一共卖出816张票。泽妮小姐演唱了当时流行歌剧里的五个选段。在一封写给自己姑妈的信里,她列出演出的酬劳:"3头猪、23只火鸡、44只母鸡、5000个椰子、1200个菠萝、120蒲式耳[1]的香蕉、120个南瓜、1500个橙子。"然

---

[1] bushel,是英、美计量体积的单位。英制1蒲式耳约等于36.37升,美制1蒲式耳约等于35.24升。——编注

而这堆意外之财也给她造成不小的麻烦，泽妮小姐在信里写道。

"我要怎么处理这些东西啊？"

泽妮小姐告诉姑妈，假如自己身在巴黎，可以以4000法郎的总价出售这些东西。这会是一笔很不错的收入！"但在这里，怎么转手出售这些东西呢？怎么才能把它们都换成现金呢？事实上，很难从那些自己就用南瓜和椰子来付款购票的买家手里收到现金……

"有人告诉我一位邻岛的观众明天会来，他能用现金从我和伙伴手上买走这些东西。同时，为了让收到的猪活着，我们用收到的南瓜喂猪，火鸡和鸡则吃香蕉和橙子过活。"

1864年，泽妮小姐的这封家书作为一条脚注被录入一本在法国出版的关于金钱历史的书中。英国经济学家威廉·杰文斯（William Jevons，1835—1882）实在太喜欢这条脚注了，所以十年后他把这个故事用于自己的著作《货币与交换机制》（*Money and the Mechanism of Exchange*）的开篇。这个故事对杰文斯的启示是：以物易物糟透了。

在杰文斯看来，以物易物的问题在于它需要满足需求的"双重巧合"。不仅岛民们得想要泽妮小姐能提供的（一场音乐会)，泽妮小姐也必须想要岛民们能付出的（猪、鸡、椰子）。杰文斯指出，人类社会通过在一些相对更耐久、更稀有的物品上达成共识，选择用它们来代表价值才解决了这个问题。我们通过发明金钱解决了以物易物的问题。

比杰文斯还早一百年，亚当·斯密（Adam Smith，1723—1790）就说过同样的话；再往前几千年，亚里士多德（Aristotle，约前384—约前322）也有差不多的说法。金钱源自以物易物这一理论简洁优雅、有力、方便运用，然而它却有一个关键缺点：没有证据能够证明它是对的。"从没有任何一个完全且单纯依靠以物易物的经济体被记录下来，更别说金钱诞生的过程。"人类学家卡洛琳·汉弗莱（Caroline Humphrey）在1985年写道，总结了考古学家和历史学家数十年来不断重复的说法。

金钱源于以物易物的说法把金钱贬损成某种冰冷、简单且客观的物品：一种用于毫无人情味的交易的工具。事实上，金钱是一种深刻得多也复杂得多的东西。

生活在金钱社会之前的人类基本上能自给自足。他们通过捕杀、种植和采集获得食物，并自制相应的工具。当时也存在某些交易，但通常是正式仪式（formal ritual）的一部分，具有严格的接受和赠予规则。如同金钱会诞生于以物易物一样,金钱同样也能从这些正式仪式里诞生。

在歌手泽妮小姐的故事里,按当地的习俗,她应该用收到的猪、火鸡、椰子和香蕉来为所有人举办一场宴会。这会带给她社会地位,如同现代人通过捐建医院和大学图书馆获得社会地位一样。参加宴会的客人则很可能有义务回请泽妮小姐。整个经济就是建立在这种互惠上的。

比如,在北美洲西北海岸名为夸富宴(potlatch)的节日上,原住民会一连庆祝好几天,发表演讲、跳舞、互赠礼物。赠送礼物是权力的象征,就像在餐馆抢着买单一样。在欧洲人抵达那里以前,当地社会地位高的人会送出皮毛和独木舟。到了20世纪,他们已经在送缝纫机和摩托车了。这种奢靡的大方吓坏了加拿大人,于是政府宣布这是非法行为,人们会因为送了别人礼物而身陷囹圄。

很多文化里,如果想和某人的子女结婚,送什么东西都有详细的规定;如果杀死某人的伴侣,赔偿的东西也有详细规定。在很多地方,人们要赠送或赔偿牲口;在某些地方则需要特定的贝壳。在斐济岛(Fiji),抹香鲸的牙齿担此重任;北欧的日耳曼部落之间则需要用由金、银或铜制作的戒指(这些部落甚至有了专门的词"wergild",即人头费,专指赔偿谋杀的费用)。关于祭祀品的规定通常也同样详细。在南太平洋的瓦努阿图群岛（Vanuatu），只有某种长着特别巨大的獠牙的猪才能被用于祭祀。

当人们意识到需要一串贝壳才能结婚，或者必须拥有长牙猪才有资格参加祭祀，哪怕并不是马上就要用到它们，他们也有累积这些东西的动力。当然，也有的人立马就要用到它们。渐渐地，这些东西成了一种保存价值的方式。它们还不是我们熟悉的金钱，但已经是金钱的原型了；它们和金钱有关。在瓦努阿图，人们发展出一张借还长牙猪的精密网络。利息基于猪牙的生长情况来确定。据一名考古学家记载，相当比例的争端甚至谋杀案件都是猪债导致的。

金钱并不仅仅是某种让交换和积累变得更方便的记账工具。它深入社会肌理之中，和鲜血以及欲望紧密相连。因此毫不意外我们会为它如此疯狂。

我欠你[1]六只羊

在围绕家族关系形成的小村子里，送礼和回礼这套机

---

1 原文为 IOU，意为"借据"，是"I owe you"的英文首字母缩写。——译注

制运行顺畅，但用它来管理城市就难了。五千多年以前，目前所知的第一批城市出现在美索不达米亚平原上，当时城里的居民就已经用内里封着陶制小物件的空心陶球来代表债务了。一个圆锥形的小陶块代表一份大麦，一个小陶碟等于一只羊。如果我给你一个里面封着六个小陶碟的陶球，就意味着我欠你六只羊。后来，在把陶制小物件封进球里之前，人们开始在球面印上它们的形状以提示球里的内容。渐渐地，有人意识到完全没必要往球里封东西：用球面上的印迹就足以代表债务。

随着美索不达米亚平原上各个城市的发展，城里的神庙成为权力中心，分工更加专业化，要记住谁欠谁什么东西变得越来越难。一群为神庙（神庙相当于市政厅的原型）工作的人想出了如何做好记录的方法：给压在陶球上的陶制小物件印迹增添详细信息。他们用芦苇秆做的笔在一小块陶板上做记号，然后开始用抽象的符号表示数字。这群最早的写作者不是诗人，而是会计。

很长一段时间里，这就是写作的全部。没有情书，没有颂词，没有故事，只有"我欠你六只羊"。或者如出土自位于如今伊拉克境内的苏美尔古城乌鲁克（Uruk）某著名发掘现场的一块陶板记载："鲁纳纳，庙宇祭司，收到宫廷侍从替阿巴撒加送来的一头奶牛和它的两头小牛。"

白银一开始是被人们用来制作珠宝和举行仪式的金属，它惹人喜爱且数量稀少，并且容易保存和分割，因此它在美索不达米亚平原成了类似"金钱"的存在。但对于很多人也许是绝大部分人来说，"金钱"此时还不是一个概念。他们种植作物，饲养动物，食用自己的产出。每隔一段时间，祭司、女王或者法老的税务官会来一趟，收走一些大麦和羊。在某些城市，为神庙或者宫廷工作的人还发指令给纺织工、餐具和珠宝匠人，告诉他们要做的东西和数量，后者之后会上交自己觉得合格的东西。

中央集权对谁生产什么、谁能得到什么的决定权越大，这个社会对金钱的需求就越小。在美洲，距美索不达米亚文明又过了几千年，印加人创造了一个巨大且复杂的文明，并且其中不存在任何金钱。神圣的君主（以及为他工作的政府官僚）告诉人们种植什么作物、猎捕什么猎物以及生产什么产品，然后政府收集他们的产出并将其重新分配。印加会计用记录了海量信息的精准绳结来详细分类记账。印加人坐拥流满黄金的河流和填满白银的山脉，他们用这些金银进行艺术创作和敬神活动。但他们从来没有发明金钱，因为金钱对他们来说毫无用处。

金钱改变了一切

很久以来，古希腊很大程度上也依赖这种供奉和再分配的制度，用独有文字记录一切的会计让这种制度成为可能。但这个文明在约公元前1100年的时候崩溃了，没人知道原因，也许发生了一场地震，也许是因为干旱，也许是惨遭海盗袭掠。君主们消失了，城堡坍塌了，人口剧减，官僚们用于记账的文字也被遗忘。

几个世纪之后，希腊的人口再度开始增长。村庄变成城镇，匠人阶级出现。贸易带来分工：雅典城出产精美陶器，萨摩斯岛[1]制造金属器具，海港城市科林斯则擅长制作瓦片。公元前776年，希腊人首次在一个名叫奥林匹亚的城市汇集，举行时长一个月的系列体育赛事；奥林匹克运动会的诞生是希腊城邦之间有了更紧密联系的标志，也是希腊人富足到能休息一个月去奥林匹亚狂欢的证据。

希腊的城市开始修建公共建筑和供水系统。这是一个围绕着供奉和再分配体系发展起来的经济体的典型特征，

---

[1] 希腊爱琴海中的一个小岛。——译注

这个经济体处于城主或者祭司的控制之下,这在东方的文明中依然常见。但相比创造由统治者自上而下管理的迷你王国,希腊人创造出新的东西,他们将其称为polis,这个词的标准翻译是"城邦"(city-state),这个翻译太无聊、太普通,几乎让人忽视城邦制是西方大部分政治和经济生活的起源。并非巧合的是,它也是如今我们眼中的金钱的首个形态被真正普及的地方。

数以百计的希腊城邦发展起来,每个城邦都有一个公民大会。包括雅典城在内的某些城邦里,还进化出民主制度(但是,按照我们的标准,那是有缺陷的民主制度:排除了女性、奴隶和大部分移民)。其他城邦里,公民大会定期集结辩论,但最终决定是由一小群精英做出的。

但在每一种情况下,公民(也就是城邦居民)都想来决定谁有权把什么东西发给谁。他们需要一种既可以组织公共生活又可以组织日常交换的方法,这个方法还不能包括一个由上至下、管到每个细节的统治者,或者一张由下至上、基于亲缘关系的网络。他们需要的就是金钱!

在公元前600年前后,希腊的邻国、位于今日土耳其境内的吕底亚(Lydia),开采了大量被称为琥珀金的金银合金。这给吕底亚人带来一种类似古代"第一世界问题"[1]的困境：他们不得不测定每块合金中的金银比例来确定其价值。有人想出一个聪明办法：选择那种金银比例固定的合金块，将它们分成标准尺寸的小块，然后在每一块上盖一个狮子图章。因此，任意一块特定的合金都和其他同等大小的合金拥有相等的价值。吕底亚人就这样发明了硬币。他们很快就迈出了下一步：开始冶炼锻造纯银和纯金的硬币。

如果没有硬币，希腊大概也会繁荣。即使希腊不曾存在，硬币大概率也会传播开（关于中国硬币的故事，见下一章）。但硬币和希腊就是天作之合，希腊人爱硬币爱得发狂。

标准金属块正是这些希腊城邦用来打造新型社会的必需品：这个社会规模太大，无法依靠家庭间的互惠来运行，但它又过于平等主义而无法靠供奉来维持，因此很快就有一百多家铸币厂在希腊全境冒了出来，开炉制造银币。短短几十年里，这种希腊人用来衡量价值和交换物品（铁制

---

[1] First World Problem，指发达国家及其居民面临的日常问题，相比欠发达国家及其居民的重要问题，这些问题不那么重要甚至显得无病呻吟。——译注

的烧烤大签子、银块）的类金钱之物就不再是类金钱了。金钱就是硬币，硬币就是金钱。

硬币改变了希腊的日常生活。每个希腊城邦都有一个被称为城市广场（agora）的公共场所，在这里城邦居民们可以集会辩论，交换新闻，有时候还举行全民正式会议。在硬币进入希腊的同一时期，去城市广场的居民也会带着东西去卖。很快城市广场变成市场，即普通人去买卖布料、无花果、锅碗等东西的新地方。城市广场依然还是公共讨论的场所，但慢慢地购物取代了公共讨论。在现代希腊语中，agora这个词是意为"市场"的名词，而且还是意为"购买"的动词。

在硬币进入希腊之前，贫穷的希腊人会在富裕地主拥有的农场工作，但他们不会得到任何类似我们所理解的工钱一样的东西。他们通常会同意为地主工作一个季度或者一年，后者会负责提供他们的衣食、住所。硬币出现之后的几十年里，这一切就变了。穷人成了工钱日结的劳工，早上去，晚上领钱走人。一次工作一整年的情况没有了。穷人不再需要在一个农场里一住一年，如果待遇不好或者找到更好的工作，他们就可以离开。但也没有人负责给他们提供食物、衣物以及住所，他们要全靠自己。

人们进入全新的以工钱为基础的经济。女性售卖纺出的丝带，或者受雇采摘葡萄，尽管城邦居民的妻子为钱而工作会被视为绝望的标志。5世纪的时候，当雅典人在雅典卫城（Acropolis）上修建新的神庙时，奴隶付出大量劳力，但领工钱的劳工也完成了部分细节工作，比如在神庙前的立柱上刻出槽状花纹。幸亏有一块恰巧保存下来的记账陶板，让我们得知奴隶们几乎每天都要工作，但领工钱的劳工工作的时间不到前者的三分之二。是这些劳工选择休息还是他们去干了别的工作？或者他们拒绝了赖以维生的工作？如同学者戴维·沙普斯（David Schaps）好奇的："是拥有休闲的奢侈还是面临失业的困境？"

硬币的传播（也就是金钱的崛起）让人更自由，给了他们更多逃离自己原本生活的机会，也让人更加孤立和脆弱。

不是所有人都喜欢硬币带给希腊的改变。亚里士多德抱怨希腊人只用硬币的数量来衡量财富的多寡，还把通过做零售买卖发家称作是"反自然的"。类似的抱怨将永远伴随着金钱，但它们终将无关紧要。一旦硬币在希腊扎了根，它们很快也就将统治全世界。

第二章

中国商人发明了最早的纸币

1271年，马可·波罗（Marco Polo，1254—1324）去了亚洲。二十五年后，他回到故乡威尼斯，买了一艘船和热那亚（Genoa）打仗，然后被俘入狱。接着他在狱中口述了一本游记，并把这本游记献给了一名狱友，后者是来自比萨（Pisa）的畅销书作者，第一本意大利语版本的亚瑟王传说就是他写的。马可·波罗的书在很多方面都有重要意义，其中第九十五章对我们尤其关键，这一章有一个冗长但有用的名字：《大汗用树皮所造之纸币通行全国》[1]。

---

1 本章节译名取自上海古籍出版社出版的《马可波罗行纪》（冯承钧译著集）。——译注

马可·波罗在这章的开头写道：这可太疯狂了，你一定不会相信（原文直译为：无论如何讲述，你都永无法确信，我是不是坚持了真相和理性）。他说得没错。拿纸当钱用的故事在欧洲人看来太荒唐了，他们都认为这是马可·波罗瞎编的（他们觉得马可·波罗编了一大堆谎话，虽然他也确实编了不少，但我们知道马可·波罗关于金钱的记载是真的）。他在当时的中国目睹了一场激进又昙花一现的货币试验，然后它迅速消失，之后数百年都未能在地球上的任何地方重现。马可·波罗所目睹的是一场彻底的经济奇迹，是整个社会开始脱离赤贫的过程，以及这场奇迹能有多短暂脆弱。

在马可·波罗之前的很长时间里（其实应该是马可·波罗之前的全部时间），中国和欧洲之间的交流相当有限。中国人发明硬币的时间和吕底亚人差不多，甚至更早，但据我们目前所知的，两地同时发明硬币只是巧合而已。

最早的某些中国硬币是青铜的小刀以及小铲子，它们可能是那些曾肩负金钱功能的真刀和真铲的遗迹。渐渐地，小刀、小铲变成中间有孔的小青铜币。这个孔让人可以把一堆铜币用绳串在一起，更方便携带。硬币的价值取决于铸造它的金属，由于青铜不值钱，买东西要支付大量的青铜币，所以有孔的设计很有用。标准单位被定为一串1000个铜币，总重量超过7磅。

1世纪初，中国已是一个统一的、具备了官僚体制的帝国。成千上万的读书人参加竞争激烈的科举考试[1]以争夺一官半职，而少数金榜题名的幸运儿终其职业生涯，都会在竹简、木简或丝帛上详尽记录一切。比如，合约都是一式三份，冲突双方各持一份，第三份献给神灵。

随着书面记录的普及，丝帛的费用或者竹木的体积成了问题：中国官员们需要更好的替代品来应对各种书面记录。他们需要的是纸张。据官方记载，他们的愿望在105年得到满足，时任汉和帝尚方令（负责监督宫廷物品制作的官职）的太监蔡伦，把桑树皮、破布和渔网打成浆，再把纸帘浸入浆中，捞出晾干，造出了纸。人们喜欢蔡伦造的纸，他因此收获了财富和名望（但这仅维持了短短一段时间，后来蔡伦被控做假账，他在沐浴后着盛装服毒自尽）。

---

[1] 关于科举制的首创时间，史学界向来存有争议，有汉朝、隋朝、唐朝等多种说法。此处作者采用的应是徐连达、楼劲等历史学家主张的汉朝起源说。——编注

印刷术的出现还要晚上几百年,这与佛教有一定关系,因为佛教鼓励经文的复制和传播。一些厌烦了重复抄写经文的僧人想出绝妙办法,把经文抄写在木板上,锉掉经文文字以外的部分,在板上涂墨汁,最后将其盖印在纸上。现存最早的印刷品就来自中国,那是一部710年前后的佛经[1]。

至此,中国有了纸张、印刷术和硬币。四川在两个世纪后迈出了最后一步。绝大部分中国硬币都是铜的,但因为当地铜矿稀少,四川选择用铁来铸币。在一个硬币价值取决于其铸造金属价值的社会里,用铁当钱可太糟糕了。一磅食盐需要一磅半重的铁币才能买到,这感觉就像现在只能用面值一美分的硬币来购买所有东西一样。

995年前后,四川成都的一名商人想到了一个办法。他允许人们把硬币存在他那里,由他给出替代硬币的、印制精美的标准纸质收据。[2] 这些收据有点像是硬币的存衣

---

[1] 唐咸通九年(868年)刻印的《金刚般若波罗蜜经》,是现存世界上最早的有明确日期记载的印刷品。——编注

[2] 宋初,四川商人发行一种纸币,称为"交子"。可兑现,也可流通。后由富商十六户发行,常因发行人破产等原因而不能兑现。天圣元年(1023年),改由政府发行。——编注

票[1]。和任何手持存衣票的人都可以领回对应外套类似,任何手持硬币收据的人都可以领出硬币,这意味着这些收据是可转让的。很快,比起每次买东西前都先费劲兑换硬币,人们开始用这种"存衣票"购物,此时这张小纸条本身变成了金钱。(这不是这名商人凭空想出来的。政府之前就用纸质收据同商人们换铜币,而商人们通常只用这些收据交易,以避免在长途旅行中携带大量铜币,但这些纸质收据从没有真正地进化成金钱。)

其他商人开始发行自己的纸质收据。渐渐地,某些狡猾商人意识到自己无须事先揽储铁币,只需要印出借据,人们就可以拿着它去买任何想要的东西。一旦开了这个口子,总会有人在上门兑换硬币的时候发现,这不过是一张毫无价值的废纸。这些人当然会生气啊,然后当然要去告官,没几年政府便接手印制纸币的工作。

为了服务不识字的人,大部分纸币上都有方便识别的图形,标明可以兑换的硬币数量,通常还有一些风景或者街景。纸币是多色印刷的:文字是黑色的,风景用蓝色,

---

[1] 指在酒吧、剧院等入口处寄存外套后拿到的小票,人们可凭票再领回寄存的外套。——译注

再盖一个官方的红章。几乎没有例外的是，纸币大块版面都被一段警告占据，下面的例子来自一张1160年左右的纸币：

> 敕伪造会子犯人处斩，赏钱壹阡贯，如不愿支赏，与补进义校尉，若徒中及窝藏之家能自告首，特与免罪。亦支上件赏钱，或愿补前项名目者听。[1]

警告不是很有效，现存最早的纸币印版就是伪造的。但无论如何，纸币大获成功。

当运输海量的沉重硬币让贸易进行得非常困难甚至无法进行时，纸币带来了突破。随着纸币在中国境内被广泛使用，贸易增长了，人们因此互通信息，科技也发展了。纸币甚至可以改变人的职业。数百年来，税收是以缴纳布料或者谷物的形式来进行的，人们不得不拼命纺织或者耕作以满足政府的要求。而当政府转为收取硬币或者纸币，忽然之间，人们可以自由选择职业了（或

---

[1] 该段文字摘自南宋纸币"会子"所印文字。英文原文略有删改，翻译如下："伪造（此纸币）者斩首。（举报者）赏1000贯……共犯或窝藏者若举报犯罪头领，可免刑罚，并赏上述赏金。"——译注

者只是比之前稍微自由一点)。

　　　　　　　＊＊＊

学界将当时在中国发生的事称为"经济革命",它比欧洲的工业革命要早几百年。活字印刷和指南针也是当时的发明。农夫们掌握新的农业技术,能在同样的地上种出比之前多得多的粮食。印出来的书把这些新技术传播到全国。越来越多的人脱离依赖纳贡的封建经济,进入基于金钱的市场经济。人们要么专职擅长的工作,要么专种土地适宜出产的作物。有人专种桑树,桑叶可养蚕,桑树皮能造纸。有人专种经济作物,籽榨出的油用于烹饪、点灯、防水,还能护发和入药。有的农夫专职培育鱼苗,也就有人专做运送鱼苗的箱子,能让鱼苗被安全送到几百里外最适合的鱼塘里。

之前的皇帝把市场限定在小小的、由政府监管的区域里,货物价格也被严格控制。企图在市场外私售货物的商人会被活埋,一次处罚能活埋一百人。如今,限制放开了,人们可以在任何地方售卖任何商品。

市场和金钱造就城市。在伦敦和巴黎的人口还不到十万的时候，有两个中国城市的人口就已经超过百万。在南宋首都临安（今杭州），餐饮业出现了。人们可以在便宜的面馆果腹，也有豪华餐馆供应大菜，比如"鹅鸭排蒸荔枝腰子"和"插肉面"。一则当时的记载暗示那些时尚的城市老饕和今天一样难以伺候：

> 顾客们一坐下来，就开始点菜。这些人可太难伺候了。四面八方都有人七嘴八舌地下单，有人想要热的，有人想要凉的，还有人想要温的，也有人要冰的。点熟食的也有，点生冷食的也有，还有要煎的烤的。[1]

人类历史上绝大多数时候，社会常态是经济停滞：一般来说，人们不会随着时间流逝而变富。在中国，当纸币出现时，一切就都变了。纸币带来的市场发展和科技突破

---

[1] 原文来自《东京梦华录》："都人侈纵，百端呼索，或热或冷，或温或整，或绝冷、精浇、膘浇之类，人人索唤不同。"——译注

《东京梦华录》作者孟元老因金人入侵而避乱南下，在避地江南数十年间，常常提笔追忆汴京当年繁华，于是编次而成此书。所以本书作者很容易就把孟元老这段追忆汴京昔日繁华的文字，误解为描写杭州的餐饮业了。这种误解，让人不禁想起南宋诗人林升的诗句"直把杭州作汴州"。——编注

齐头并进，结果就是每日劳作收入能买到的东西比以前更多了。不仅仅是一小部分人，而是很多很多人都变得更富有。这是巨大的经济奇迹，也是能够长期、可持续提升生活质量的唯一方法。（并非巧合的是，剧烈增长也发生在古希腊硬币出现的时期，但未能延续下去。）到了1200年，中国很可能是世界上最富有的国家，并且一定是世界上科技最发达的国家。

然后蒙古人来了。

没有任何支撑的金钱

1215年，成吉思汗的军队占领今天的北京。四十五年后，他的孙子忽必烈成为大汗（元世祖），控制着世界上最大的帝国。

当时中国的商品不仅在中国境内流通，还横跨亚洲流通到更远的地方。中国村舍的小作坊里，中国匠人雕刻的圣母玛利亚像和圣子耶稣像出口到欧洲。某种异常柔滑的中国丝绸在欧洲特别流行。一艘又一艘装满这种丝绸的商船从中国的某个港口起航，阿拉伯商人们把这个港口称为Zaytun[1]，这个词的发音在英国人听来像是satin，所以他们把来自这里的面料称为satin，即缎子。著名的摩纳哥学者、旅行家伊本·白图泰（Ibn Battuta, 1304—约1377）曾记载，中国的商船有四层，能载千人。

蒙古人是游牧民族，比起金属钱币，他们可喜欢纸币的便携性了。他们也明白速度意味着财富。因此在忽必烈成为大汗的当年，他就发行了一款在广大帝国内部流通的新纸币。他将其称为"中统元宝交钞"（不是普通的纸，而是可以兑换财富的凭证！）。元世祖忽必烈决心推行纸币，甚至规定用铜币交易是非法的。等到数年后马可·波罗抵达元大都的时候，忽必烈的计划已经成功了。

> 凡州郡国土及君主所辖之地莫不通行。臣民位置虽高，不敢拒绝使用，盖拒用者罪至死也。兹敢为君等言者，各人皆乐用此币，盖大汗国中商人所至之处，用此纸币以给费用，以购商物，以取其售物之售价，竟与纯金无别……大汗用此法据有所属诸国之一切宝藏。[2]

---

[1] 刺桐，今福建泉州古名。——译注
[2] 此段译文取自上海古籍出版社出版的《马可波罗行纪》（冯承钧译著集）。——译注

能印钱真的很棒（当大汗太好了），但伴随巨大权力而来的是想要越印越多的巨大冲动。元世祖忽必烈在冲动面前抗拒了一段时间，但诱惑越来越难以抑制。毕竟，日本就在那儿，就在一小片海面那头。那为什么不稍微多印一点钱，用来雇人造船，好把七万名士兵和战马运过去，展示展示谁才是天下之主呢？

1287年，在不止一次而是两次征日失败后，元世祖忽必烈发行了一种新纸币。新款纸币上依然印有铜币图案，但这次它们只是图案而已。政府相关机构不许用纸币兑换银或者铜，人们再也没法用手中的交钞换到财富了。不难想象此时的恐慌。通货膨胀发生了：纸币贬值，商品价格飞涨。但当时经济最后稳住了，中央政府最后也稳住了。纸还是纸币，尽管已不再假装是可以兑换财富的凭证或者代表白银的欠条了。

这正是马可·波罗经历的激进试验：金钱几乎就是纯粹的抽象概念，没有任何支撑的东西。就好比兔八哥动画里的威利狼[1]冲出悬崖边缘，往下看只看见空气，但没有

---

[1] Wile E. Coyote，同兔八哥（Bugs Bunny）一样，它是华纳兄弟公司制作的动画片中的角色。——译注

掉下去。这一方面是蒙古帝国强大实力的证明：把这张纸当成钱，要不我斩了你。但还有一方面的原因是，在纸币流通了三百年后，中国人意识到纸币之所以能用不是因为有银或者铜的储备在背后支撑，而是因为大家都同意纸就是钱。

* * *

我们所处的时代和一千年前的中国有一点相似。因为科技进步，大部分人要比自己的祖上更富有。这个过程始于约250年前的英国工业革命。经济史最古老的问题之一是：为什么工业革命会发生在当时和当地？数千年来，经济和科技混沌增长着，而1800年前后的英国发生了什么变化？有人认为是知识和法律的进步，有了科技革命以及更清晰的物权法。其他人的想法则更实际，认为是英国工人相对较高的工资促使人们去创造节省人力的机器，刚好英国又有海量的煤矿可以驱动机器。

但过去的几十年里，随着西方经济学家们变得不再过于以欧洲为中心，他们注意到科技进步和经济增长并不是始于200年前的英国。比英国还早800年，中国就已经经历了经济革命。虽然中国的经济增长没能像后来欧洲那样爆发，但当时中国的发明：纸张、印刷术和指南针，都对欧洲的发展至关重要。如今，学者们在探寻一个新的问题：中国发生了什么？14世纪的它有顶尖的经济制度和科技，为何到了20世纪早期却严重落后了？

原因可能是，中国身为在所处区域占支配地位的大国，没有试图一直在经济上战胜邻国，因此相比总在打仗的欧洲国家，它的经济相对停滞了。也许是因为中国的人力便宜，没什么动力持续开发节省人力的设备。另一个原因则特别适合我们这本书：赶走蒙古人的抗元领袖特别不喜欢金钱和市场。

这个人就是被后世称为洪武帝的朱元璋，一个穷苦农民的儿子。朱元璋的父母在他16岁的时候去世。为了不被饿死，朱元璋出家当了和尚，然后加入抗元的起义军，一直奋斗到最高层。1368年，元朝残余势力被赶到长城以北地区，朱元璋建立明朝，这个朝代延续了近300年。

洪武帝朱元璋想要把中国带回(完全理想化的)过去，这还不仅仅是元朝前的过去，而是中国经济革命前的过去。他梦想打造一个由自给自足的村子组成的国家，人民种植和分享所需的一切。所以他和他的继承者们系统性地废除了那些带来经济革命的变革。海外贸易也被禁止。从以金钱和市场为中心的经济回到供奉和再分配的古老制度，政府从农民手里收缴布料和谷物，然后分发给官员。

到了15世纪中期，纸币完全从中国消失。人们用银锭当钱使，有时候也用铜币，经常不会用到任何形式的金钱。皇帝成功地把中国带回过去。中国的普通人比起200年前的祖先还要穷，发明纸币引发的经济革命基本被忘记。

因为这一切发生在1000年前，中国那个有科技突破、有纸币和豪华餐馆的经济黄金时代更像是昙花一现。长期以来，它都被最近几个世纪里科技和经济增长的光芒掩盖了。

但还有另一个角度来观察这短暂的荣光：它持续的时间几乎和我们如今的纸币、科技突破以及豪华餐馆所存续的时间一样长。

今天，我们认为经济增长和科技进步是理所当然的。如果经济稍微萎缩一点，仅仅连续几个季度，我们就会宣布这是经济衰退，并探寻问题出在哪儿以及什么时候能恢复。但中国那段持续了300年的短暂荣光告诉我们一个道理：经济增长和科技进步并非铁定可持续的。发展不是一条单行道，文明也不会持续富庶或者一成不变。有时候会变得更贫穷，一代比一代更穷；有时候金钱都会消失不见。

第二部分

赌徒、小国王以及发明资本主义

17世纪的欧洲,同时发生了一大堆事儿。金匠们意外成了银行家;一个小国家发明了股票市场和现代企业,变得超有钱;赌徒们对金钱和未来也有了全新的看法。这些交织起来,造就了现代资本主义。

这个时代的英雄是约翰·劳(John Law, 1671—1729),他也是这个时代的反英雄(anti-hero)。在新世界曙光初现的时候,他敢为人先地走在前面。最后,劳在自己的时代里,跻身于一切的中心。他为一个国家打造了现代经济,成为世界上那个不是国王还最有钱的人,并且控制了今日美国本土近半的面积,但在这一切发生之前他还被控谋杀,二十年里都在四处潜逃,同时靠赌博赢得财富。劳出生的世界和他创造的世界能告诉我们很多关于金钱、银行的事儿,以及国家是如何成功和失败的。

第三章

金匠们重新发明银行

17世纪的英国,金钱就是一团乱麻。

自从硬币发明以来,人们就一直试着从上面偷点金属下来,要么沿着边缘剪一点儿,要么把它们装进袋子里使劲摇,蹭下一点金粉银屑来。负责的政府会定期铸造新币以保证供应(就和现代政府用新币替换损坏的旧钱一样)。

17世纪的英国可没有一个负责的政府,到了该世纪后半期,银币的含银量比应有的量少很多已经司空见惯。每次有人要付款的时候,卖家和买家就得决定:这枚银币是不是值它的面值?或者因为含银量不够,它实际上能值多少?

雇工和雇主会因为工资争吵,市场里的人们动辄拳脚相加。"买任何东西都没法避免争端,每个摊位前从早到晚都有人在扯皮。"历史学家托马斯·麦考莱(Thomas Macaulay,1800—1859)后来写道。合同不仅要规定付款的金额,还要规定用来付款的银币总重量。历史开了倒车,硬币变得越来越不像钱,而退回贵金属本身。

第二个问题让一切变得更糟。因为国际价格的差异,人们可以把含银量合格的银币运到巴黎或者阿姆斯特丹兑换黄金谋利。结果就是,哪怕英国政府新铸了高质量的银币,人们几乎是马上就让这些银币退出流通,拿着它们到别的国家换金子。

所以英国的银币总是不够,现有的银币也因为太差而没人愿意用。英国需要更多的钱。这不是指更多的财富,而是人们用来买卖东西的钱本身。

后来,金匠们无意间解决了钱不够的问题。同时也是意料之外的是,他们造成了一个时至今日依然困扰我们的新问题。

有钱人有时候会把自己的金银存在当地金匠那里。金匠出具收据,和几百年前中国四川那个商人做的一样。慢慢地,人们开始用这些收据来买卖东西。但这不过是用纸张替代了金属而已,没有给市场注入更多货币。下一步则迈得很大。这一步不仅把17世纪的金匠和现代银行联系起来，还解释了为什么现代银行是不可或缺却又极端危险的。

金匠们开始发放贷款了。你不再需要真的把金子给金匠以换取支票，取而代之的是你做出带着利息还款的承诺就行。在你给出承诺之后，金匠会给你作为货币流通的收据，然后你就能走到伦敦街头消费了。突然间，伦敦街头的钱比起之前多了不少：金匠们凭空变出了不少钱。金匠们解决了钱不够的问题。

几乎同时，类似的情况也发生在瑞士，这里的人尤其渴望体验一下纸币。瑞士人有很多黄铜，并用黄铜铸币。黄铜不值钱，所以铜币被铸得很大。铜币也许不是准确的名称：当时瑞士钱币的最大面值是10戴尔（daler），这样的一枚铜币有2英尺长，重43磅。带钱出门就是把它们扛在背上。因此瑞士人发明了银行，用纸币代替了巨大的铜币。和英国的金匠一样，瑞士的银行也是几乎马上就开始发放贷款。这太难以抗拒了，纸币就在手边啊。

今天银行所做的事和400年前英国金匠们的行为没有区别：你存钱进去，银行把钱贷给别人。那些钱（你的钱）现在同时身处两个地方。它既是你的钱，在你的银行账户里，也是借款人借到的钱。借款人可以把钱存进另一家银行，后者又可以借出其中一部分给另一个人。同一块钱现在同时在三个地方。这被称为部分准备金银行制度（fractional reserve banking），也是世界上绝大部分的钱得以诞生的原因。

感觉有点不靠谱吧？你的感觉没错。在金匠们永久改变了英国银行业并解决了钱不够的问题的同时，他们也造成了新的问题。金匠给出的收据比他们实际收到的金子要多。如果每一个手持收据的人同时要拿回属于自己的金子，金匠们就完蛋了（想要回自己金子的人也一样）。今天，如果所有在银行有存款的人同时来银行提款（我们将其称为挤兑），那么银行和想要拿回钱的人（四舍五入就是所有人吧）就都完蛋了。

当纸币对于欧洲还是新鲜事的时候，银行业和挤兑已经不新鲜了。14世纪，威尼斯专门换钱的商人们就已经在储存黄金并把黄金借给其他人了。这些换钱的商人坐在横跨大运河的一座桥的长椅上，因此他们被称为banchieri，意思是"坐在椅子上的人"（bench-sitters），这成了银行（bank）和银行家（banker）的词源。为了减少挤兑风险，威尼斯市民要求这些商人要有一定比例的黄金储备。巴塞罗那的管理条例则要激进得多：没法承兑的银行家只能吃面包、喝水过日子。1360年，一名破产的银行家在他的椅子前被砍了头。

金匠们前脚刚变成银行家，挤兑后脚就到了伦敦。金匠们之前已经借给查理二世很多钱，到了1672年，查理二世需要钱来和荷兰人打仗，所以他决定停止向金匠们还款（当国王可太棒了）。伦敦人看着手里金匠开具的收据（也就是支票）开始紧张了。每个人都去自己的金匠那里想把金子取出来，当然没那么多金子可取。有些金匠因此破产，有些则因为欠债入狱；至少有一个金匠潜逃出国。突然间那些由金匠出具的收据不再像钱了。仅仅在国王停止还钱两周后，海军的司库就担心自己"收到了如今已经不算是钱的废纸"。

让金钱成为"金钱"的东西是信任，是当我们相信自己可以用一张纸或者一小块金属买到东西的那种信任，是相信不仅明天，下个月乃至明年都还可以这么做的那种信任。一个盘旋在金钱头顶的永恒问题是：我们可以信任谁？英国人曾经试图相信政府，但政府铸造的钱币没能发挥该有的功能。所以他们转而信任金匠，但结果也不太理想。需要再过一代人，他们才最终找到能用的：一个既不是彻底私有化也不完全公有的解决方式，而是两者的结合，即把政府的利益、银行家的利益以及人民的利益两两对立起来的方式。

约翰·劳初出茅庐

无巧不成书，约翰·劳出生在爱丁堡一家金匠铺的楼上，金匠就是他爸爸。其时为1671年，就在伦敦的金匠们遭遇挤兑的前夕。

约翰一天天长大的同时，他爸爸也日益富有。当约翰12岁的时候，他爸爸在爱丁堡郊外买下一小座城堡。差不多同时，劳去了寄宿学校念书，尤其擅长数学和一门名叫"男子汉活动"的科目，让人有点失望的是，后者不过意味着他网球打得不错。

劳从学校毕业后，搬去了伦敦，四处拈花惹草，买自己买不起的衣服，从早到晚都泡在赌桌上。按照当时的说法，他就是个花花公子（beau），这个词和今天流行的俚语bro（哥们儿）谐音，但更高雅些。劳的父亲死后，他继承的那份遗产很快被其输光，不得不准备卖掉城堡偿债。按照经典的情节走向，他母亲用自己的遗产为他解了困，还从他手里保住了家族城堡，也让劳免于牢狱之灾。

第二年春天，1694年4月的某天，在他刚满23岁的时候，约翰·劳遇到了将带来（并非直接导致的，但基本上就算是如此了）金钱历史上最大、最狂野系列试验的起始事件。

那天时值正午，劳站在伦敦外围的布鲁姆斯伯里广场（Bloomsbury Square），一辆马车从远处驶了过来。马车上下来一名年轻人，他走向劳，拔出佩剑。劳拔出自己的剑刺向对方，年轻人倒地身亡。

这个年轻人名叫爱德华·威尔逊（Edward Wilson），和劳一样，也是个伦敦的花花公子。这次事件是一场提前就约好的决斗，目的是解决某些争端。没人知道他们争的是什么，总之，和大部分矛盾一样，多半与金钱、爱情以及荣誉有关。

威尔逊是一名负债累累的小贵族的第五个儿子，但他却像伦敦最有钱的人一样过日子。没人知道他的钱都是哪儿来的。有人八卦说是当时国王的情妇爱上了威尔逊，用国王的钱供养着他。30年后，一本匿名小册子讲了另一个故事，小册子叫《某已故贵族和著名威尔逊先生的情书：知名花花公子的诞生和其令人惊叹的显赫的真实故事》。册子提到可能是某位已故贵族一直在用钱封威尔逊的口。而在关于劳最新以及最详尽的传记里，经济学家安托万·墨菲（Antoin Murphy）认为是国王或者那位贵族想要阻止威尔逊泄密，从而想办法劝说劳杀死威尔逊。

当时劳正和一名已婚妇女同居。威尔逊的姐姐曾经和劳同住一栋楼，因为受不了这腌臜事儿而匆忙搬走。威尔逊得知后跑来质问劳。根据说法之一，正是此事导致了决斗。

无论决斗的原因是什么，劳毫无疑问犯了罪。17世纪的英国，决斗是非法的，劳因此被捕入狱，被控谋杀爱德华·威尔逊。他被判处绞刑。（当时共有四人被判绞刑，两人是因为伪造硬币，一人则是因为从现有银币上刮银屑下来。英国政府通过处死犯人来保证货币的可靠性。）

劳并不觉得自己会因为参加决斗而被处死。当时绅士之间很流行决斗，没人记得有谁因此真的被处以死刑。一开始，似乎国王会赦免他。但威尔逊一家极力反对赦免。国王犹豫了，劳因此备受煎熬。

之后，1695年的第一个星期，劳越狱逃跑了。具体细节已经无从考证，但根据当时的信函，可能是劳某个有权势的朋友转移了典狱长的注意力，同时由同伙下药迷晕狱卒，打开劳的牢房大门。身为逃犯的劳，登上前往欧洲的船。

他即将遇见一场改变当时人们对未来和金钱的认知的知识革命，劳也将利用这场革命发家致富。

第四章

赌徒如何利用概率致富

劳接下来10年的生活轨迹不甚清晰。他从历史记录中消失了，然后突然出现在巴黎，接着是威尼斯，还有阿姆斯特丹。每次他从迷雾中现身，都是在和当地的精英们赌博。而且每一次，他都大获全胜。这不是他运气好，他似乎也没有出老千。劳的制胜秘诀在于他遇见了一门学科，一种看待世界的方式，这门学科诞生在劳生活的时代，也是最终塑造了成千上万人对上帝、金钱、死亡以及未知的未来的看法的学科。这门学科就是概率论。这是大部分现代金融的基础，以及从某种意义上来说也是现代思想的基础。它是赌徒们发明的。

人们自古以来就在赌博。世界范围内，远古文明的考古现场都出土了被用作骰子的四面拐子骨。但用我们的现代思维无法理解的是，赌徒们从未真正进行过运算。他们知道某些结果相比其他结果更容易出现，但他们的认知也是混沌而不能被量化的。而现在，赌徒们终于开始计算自己输赢的确切可能了。当大部分人认为结果是纯粹运气或者神圣天意之时，在赌桌上做做算术等同于拥有了超能力。

赌徒数学家里最重要的人物之一就是古怪天才布莱瑟·帕斯卡（Blaise Pascal，1623—1662）。还是一个少年的时候，他写了一篇有关几何的论文，质量高到惊艳了笛卡尔（当时他正在创立现代几何学的一个分支）。他还发明了一款机械计算机，并用自己的名字命名[1]，但它从未普及，大概是因为制造成本太高了。在二十多岁的一段时间里，帕斯卡陷入信仰危机，并且放弃赌博。"谁创造了我？据谁的命令？有什么根据？让我身处此时此地？无限空间的永恒安静让我处于恐惧之中。"在他27岁的时候，这些尖锐的问题导致某种肉体上的问题：头痛、吞咽困难。所以他远离关于存在的深渊，回到赌桌前。

---

[1] the Pascaline，该机器中文名是加法器，全称为滚轮式加法器。——译注

1654年，也是赌徒的法国数学家舍瓦利·德·梅雷（Chevalier de Méré，1607—1684）问了帕斯卡几个问题。其中一个就是在给定次数的前提下掷骰子掷出2个"6"的概率。另一个问题要艰深复杂得多，赌徒们为此已经思索了一个多世纪。

这个问题叫作"点数的问题"。问题如下：两个人把钱放入一口锅里，同意任意一个人在赢得一定数量的赌局后可以拿走锅。赌局形式不限，可以是掷骰子、抛硬币，任何看运气的都行，但他们必须在完成商定的赌局数量之前停下来。那么如何公平地根据此时双方的得分来分配锅中的钱呢？

这些问题促使帕斯卡写信给律师皮埃尔·德·费马（Pierre de Fermat，1601—1665），他也是一个数学天才。几个月里两人信函不断，一直在讨论这些问题。掷出2个"6"的问题比较简单。而点数的问题则花了他们更长的时间，但帕斯卡和费马想出的答案对于金钱的历史乃至人类的思想都有着更巨大的影响。

关于这个问题有个简单的例子。假设你和我各往锅里放了50英镑，同意在抛硬币赌正反时三局两胜的人能赢走全部100英镑。你赌了人头那面，而我选择了另一面。

首先由你抛一次硬币，结果是人头朝上。此时我俩不得不停止赌博，直到有时间再继续。目前你一比零领先，我俩怎么分这100英镑？

帕斯卡和费马的解法是考虑所有的可能，然后找出每个赌徒获胜概率的百分比，以此分钱。他们详细地解出了这个问题，但我们可以通过下面的简单例子以作了解，而不用过多地与数学纠缠。

如果我们在三局两胜赌局的第一局后就停止，你抛出了一次人头，而我有零次背面，剩下两次的可能结果如下：

1. 人头，人头（你赢）

2. 背面，人头（你赢）

3. 人头，背面（你赢）

4. 背面，背面（我赢）

你获胜的概率是75%（四分之三），我的概率则是25%（四分之一）。100英镑里，你得75英镑，我得25英镑。

这个答案最让人惊讶的地方在于它的平平无奇。太明显了！而关于这个问题最不寻常的甚至是这个问题的根本意义在于，就我们目前所知，几千年的赌博史上，在此之前从没有人搞清楚过这个问题，因为人们不把不确定的未来当作是可以被计算的。未来是由运气决定的，或者由众神抑或上帝决定，而不是数学可以决定的。所以这是人类思想史以及金钱史上极具变革意义的一刻。这也是为什么一名斯坦福大学的数学家最近专就帕斯卡和费马对这个问题的解答写了一本书："史上第一次，它给出了人类能够用来预测未来的方法。"

距离和费马书信往来又过了几年，帕斯卡再次回到有关存在的深渊边缘。但这一次他带来了这种新的思考方式。"相信上帝存在抑或不存在，我们要选择哪一面？无法凭理性分辨……这是一个终极赌局，硬币的哪一面将会显现？你选哪一面？"

如果你选了"上帝存在"（对于帕斯卡来说，这个上帝特指基督教的上帝），并且赢得了赌局，那你得到的将是"永恒的生命和无尽的幸福"。如果你赌的是"上帝不存在"，并且赢了，那你不过就是赌对了而已。这个赌局里赌上帝存在的一方获得的报酬比起另一方可能得到的要可观得多：一方是永恒的生命和无尽的幸福，一方仅仅是对的。选哪个显而易见。"毫不犹豫地相信上帝存在吧。"

帕斯卡决定赌上帝存在。他的数学思维促使他放弃了数学，几乎卖掉了所有的东西，搬入一家修道院。概率学思维已经超越实物的障碍，现在它不仅仅是关于骰子和金钱了，它和一切都有关。

自然环境中的概率

帕斯卡和费马的概率思想很快在欧洲知识分子中间传开。几十年后，约翰·劳知道了这个思想（据推测是在他几乎输掉家族城堡的时候）。"没人比他更懂计算和数字。他是英国第一人，以痛苦为代价，发现骰子的各种可能。"他的一个朋友这样写道。

劳会拿出一个六面骰子和人赌钱，用1万英镑赌连续掷出6个"6"。他知道这样的概率大概是5万分之一（或者1/6的6次方）。18世纪初，当他流亡巴黎的时候，他带着装满金子的钱袋坐上赌桌。他经常在获胜概率略微倾向于庄家的赌局里担任庄家。他总是能赢。随着赌资不断增加，他甚至命人铸造专属的金筹码。

当劳利用概率致富的时候，同时代的人则在用概率来改变人们对死亡（以及金钱）的看法。在此之前，人们认为死亡和掷骰子差不多：他们知道有些人（婴儿和老人）

相比其他人（青少年）更容易死，但他们不知道具体的数字。他们就好像概率理论出现前的赌徒：不会计算。

对于欧洲各国政府来说，这是个大问题，因为当时政府不靠收取固定的所得税而是通过售卖年金债券（以及其他方式）来维持运转。要买年金债券，你需要一次性向政府支付一笔钱（比如1000英镑），相应地，政府承诺在你的余生每年固定支付一笔年金（比如70英镑）。

年金债券就是一场赌买家寿命的奇诡赌局。如果我今天买了一份年金债券，明天就死了，那政府获得我支付的全部，且什么都不用付给我。我输了，政府赢了。如果我活到100岁，政府不得不在未来几十年里每年都给我寄出年金支票。政府输了，而我赢了。在约翰·劳的年代，政府和人民就在进行这种赌局，但没人知道人民能活多久。他们掷出了骰子，但没人知道概率。

在当时的英国，不管购买人的年纪是多少，年金债券的价格是固定的。所以每个人都开始为自己十几岁的小孩买年金，因为他们大概率会活很久，从而获得巨大的收益。这对这些小孩当然很好，但对英国政府来说则不是。

英国数学家埃德蒙·哈雷（Edmond Halley，1656—1742）知道了帕斯卡和费马的研究后，意识到年金的问题也可以借此解决。在33岁的时候，哈雷已经走遍半个世界测绘星空，还协助好友牛顿出版了揭示万有引力定律的《原理》(*The Principia*)一书（距离他预测一颗当时还没有名字的彗星会重现夜空还有几年时间）。当时，他成为科学期刊这种新事物的主编，也就面临着历史上所有出版物的所有编辑都会有的问题：找东西来填满空白的页面。所以当他听说一个名叫布雷斯劳（Breslau，旧称Breslaw，位于今波兰西南部）的东欧城市不同寻常地详细记录了居民生死数据后，他有了个想法。

1693年1月，哈雷发表了题为《据布雷斯劳的出生和去世人口统计表得出的人类死亡率估计，并以此尝试计算年金费率》("An Estimate of the Degrees of the Mortality of Mankind, Drawn from Curious Tables of the Births and Funerals at the City of Breslaw; with an Attempt to Ascertain the Price of Annuities upon Lives")的论文。

第一句话他就开门见山，直接表明研究目的，还捎带着自己对时代的混乱之描述："试图计算人类的寿命，有道德及生理和政治之外的功能……"没错，我知道死亡和生而为人的方方面面都息息相关，但同时它也是这世界的现实，我们需要理解死亡对于一个国家意味着什么。哈雷提及当时其他试图分析伦敦以及都柏林居民死亡概率的几个学者，但也指出没有任何一人得到所需的全部信息，因为伦敦和都柏林都没有对于生死数据的详细记录。而现在，布雷斯劳的记录出现了。

之后哈雷进行了大量计算。在抱怨经历了"最累人的计算"后，他搞清楚了各个年龄段的具体死亡概率。一个刚满20岁的人在下一个生日前死亡的概率是1%。一个50岁的人在年满51岁前死亡的概率是3%。"现年30岁的人极有可能再活27到28年。"他写道，如此等等。

哈雷认为，对年金债券的公平定价应该使一个人能收到的年金总数与他一次性支付的数额相等。如果一个人去世过早，其收到的钱将比缴纳的少；如果这个人有幸长寿，其收到的钱会比交的多。同时他也清楚地看到英国把年金债券卖得太便宜了：每个不到60岁的人都极有可能获得多于自己一次性缴纳的金额的回报。

这不仅仅是一组和人生老病死有关的随机事实或一次有用的计算，这还是一个方法。有了特定人群的出生死亡数据，任何人都能够计算出人们在任何年纪去世的概率。哈雷解决了骰子的点数问题，且还是生命的骰子。

几十年后，两名酗酒成性的苏格兰大臣亚历山大·韦伯斯特（Alexander Webster）和罗伯特·华莱士（Robert Wallace）认为哈雷利用欧洲中部某个小镇的数据算出的概率表也许能帮助解决一个困扰他们已久的问题：如何赡养早逝苏格兰大臣们的遗孀和遗孤。

当时已经有人寿保险了，但因为年金债券诞生的时间早于哈雷的计算，没人真正知道其中的概率。和年金债券一样，人寿保险就是对受保人寿命的一次赌博，但输赢双方对调了。作为人寿保险的买家，我赢了意味着我购买保险后马上去世，因此我的家人能在我仅仅支付过一点保费的条件下获得巨额赔偿。当然，这也得保险公司有钱赔付才行。如果保险公司因为保险售价太便宜且因支付赔偿而耗尽了现金，那我的家人可就不太走运了。

为了成立苏格兰大臣遗属基金，华莱士和韦伯斯特用到了哈雷的成果即概率这一新科学，以及一名数学家朋友的帮助，他们计算出了每一名大臣应该缴纳多少钱。华莱士和韦伯斯特预计基金成立十年后应该累积47401英镑。这个预测数额奇迹般准确,最后的实际数字是47313英镑，误差不到1%。一场知识革命让此成为可能。人们开始用一种新方式思考，一种更冰冷更数学的方式，这种方式把生死和金钱绑在了一起。

保险和年金债券是一种再次体验以前那些尚未诞生金钱的小型社会里的部分互惠互助之方式。因为有大量大臣缴纳了保费且活了很久,所以才有钱来赡养早逝同僚们的遗孀遗孤。今天,几乎所有的富裕社会都有某种社会保险,比如美国的社会保障金。因为数以百万计的工人从每一张工资支票里拿出一点儿钱放进一口大锅里,几百万因年长而没法继续工作的人才能从锅里拿出一点钱来。

概率思维变得太过普遍,以至于我们几乎不会留意到它的存在。当然,保险依然是基于概率的。金融和商业还有体育和政治以及医学都是如此。我们已经把能预测未来这一革命性的概念当作理所当然的了。

第五章

如同时间旅行的金融：发明股票市场

要说现代资本主义是在17世纪早期的那几年诞生于阿姆斯特丹有点勉强，但也仅仅有一点勉强而已。

当时，欧洲人可喜欢航行全世界、搞贸易赚大钱或者从偏远地区偷东西了。那时荷兰人派船南下，绕过非洲，一直开到今天的印度尼西亚，带回了肉豆蔻等香料。（17世纪的肉豆蔻可了不得，有钱人愿意花巨资来装满自家的香料柜子。）

但荷兰商人想要派船开始充满危险、持续好几年的航程时，他们遇到一个经典难题。他们想要赚大钱，但前提是要花大钱才能施行赚大钱的计划。商人们需要造船或者买船，聘请一名船长和一组船员，再把船连同船长和船员派到世界尽头，之后他们还得回来。这个想赚钱先得花钱的问题有数不清的版本：我想买辆车，以便能开车去新公司上班，这样才能赚更多钱；但我要提前拿到在新工作中能赚到的钱，才买得起上班用的车，这样才能赚到买车钱。

幸运的是，有人手里有闲钱，而且他们也愿意先不花掉手里的钱，因为这样有可能赚到更多的钱。这就是我能贷款买车的原因，也是荷兰人有钱派船到亚洲的原因，这还是金融的主要功能之一：把想在未来赚到更多钱而放弃当下消费的人和现在需要钱并愿意连本带利还钱的人匹配起来。金融就是在时间里倒腾钱的事儿。"金融的本质是时间旅行，储蓄是把当下的资源送到未来，融资则是把资源从未来带回当下。"从银行家转型写作者的马特·莱文（Matt Levine）写道。

早年那些前往香料群岛（Spice Islands）的航行通常被当成一竿子买卖来筹钱。一群有钱人会凑钱雇一艘船。如果这艘船能顺利抵达印度尼西亚还能载满代表财富的香料回来（这也不一定），那投资人会拿回本金外加利润。如果船没回来，那就谢谢参与啦，对了，要不要了解一下下一次的发财机会？

西班牙人、葡萄牙人和英国人都想要在香料贸易里分一杯羹。这是商业、帝国主义和战争的混合体，其中由荷兰商人们资助的零散商船看起来有点不自量力。因此在1602年，荷兰政府率先成立各个国家都在试图创立的新事物：一家贸易公司。它的正式名称是Vereenigde Oostindische Compagnie（United East India Company，联合东印度公司，又称荷兰东印度公司），一般缩写为VOC。

政府授予荷兰东印度公司亚洲贸易的垄断权。英国人两年前也做了差不多的事儿，创立自己的东印度公司。但荷兰东印度公司将会进化成世界上首个现代跨国企业，成为可口可乐、谷歌和埃克森美孚的前辈。

人们无须很富有或者有很好的人脉才能投资荷兰东印度公司。"本国所有居民均可购买公司股份。"荷兰东印度公司的章程写道。这和时代精神是一致的。几十年前，荷兰刚从西班牙国王的统治下独立出来成为共和国。这和我们现代观念里的民主国家一点都不一样，但相比当时的王权国家，权力被更广泛地分配下去。大量居民投资了荷兰东印度公司，仅在阿姆斯特丹这些投资的人就超过一千个，包括公司某位主管的女仆，她投入了十个月的工资。

当时，公司只有获得政府的许可才能成立，并且都是在成立之初就规定了存续的时间。政府为荷兰东印度公司规定的存续时间是二十一年。投资人可在十年后赎回投资，但这已经是很长的时间了。所以阿姆斯特丹的主管们在公司用来登记所有投资人的文件的第一页加了一句话："可通过本公司的记账员办理转让。"换句话说，如果你想在未满十年时就拿回自己的钱，可以将自己的投资、持有的公司股份卖给任何愿意买的人。这是有着巨大影响的一句话，不仅是对荷兰东印度公司而言，对整个金钱的历史也是一样。

甚至没等第一艘船出海，人们就开始卖出自己的股份。当时买卖股份不算特别方便。为了完成一次交易，买家和卖家必须都到公司的办公室，在那里经由记账员登记这次交易。但有的股东急需用钱，也有还不是股东的人愿意花钱换取未来更多的收益，需要彼此的人们到一座桥上寻找对方，这座桥也是远航归来的船长们去送信时的必经之路。这座桥成为早于其他人获得市场动态的完美场所。几年之内，大量做交易的人挤在桥上，甚至阻碍了交通。因此市政府指定一处地方专门用作交易，一个200英尺长115英尺宽的院子，周围环绕着一圈蓝色石头贴面的走廊，这就是世界上第一个股票交易所。

交易所开市前五天，市政府还通过一条新法令，规定交易所每天只能开几个小时，从早上十一点到中午，晚上则是在日暮前再开一小时（冬天只有三十分钟）。有限的时间似乎令人头痛，但其背后有很好的理由。如果市场全天运行，买卖双方会不断进出市场，买家愿意支付的价格区间和卖方同意出售的价格区间则会很宽。人们因此不得不不情不愿地交易或者根本没法交易。这就是被经济学家们称为"市况淡静"（thin market）的状态。有限的交易时间迫使潜在的买卖双方同时出现，从而把交易所的状态变成"稠密市场"（thick market），成百上千的买方和卖方同时进行交易。这让买卖双方更容易找到彼此，并达成双方都满意的价格。这让市场运行得更好。

随着荷兰东印度公司章程不断地更新，再更新，股票交易所变成了一家机构。当地一个名叫约瑟夫·德·拉·维佳（Joseph de la Vega）的商人兼诗人为阿姆斯特丹的股票市场写了一本书。这是史上第一本关于股票市场的书，还起了一个完美描述市场的书名：《混乱中的混乱》（*Confusion of Confusions*）。

这本书充满离题万里的经典神话和《圣经》故事，但关于交易所的描写则惊人地熟悉：

交易所中的一人伸出手掌,另一个人则接过来,一定数量的股份就此以固定价格出售,第二次握手则确认了交易……握手伴随着大喊。喊声中夹杂着脏话,还有冒失的行为和更多的脏话、叫喊、推搡,直到交易尘埃落定。

几乎在人们开始交易股票的同时,他们也想出复杂的变体用以进行新的赌博。其中,一种特别的赌局几乎马上就出现了:做空,即投资人通过股票价格下跌获利。阿姆斯特丹的居民们讨厌做空,全世界都讨厌做空。

做空的故事

世界上第一个关于做空的故事解释了人们讨厌它的原因,但也解释了为什么做空于社会有用,并被严重低估了。

伊萨克·勒梅尔(Isaac Le Maire,1558—1624)是一名荷兰商人,也是荷兰东印度公司的创始人之一,更是荷兰东印度公司在阿姆斯特丹城内最大的股东。在公司运营了几年后,勒梅尔和公司其他主管发生了冲突。冲突的细节已经不可考，但似乎是他参与资助了某次远征探险，但公司没有支付他声称自己应得的报酬。勒梅尔可能虚报了支出来欺骗公司。诉讼随之而来，主管们冻结了勒梅尔的股份。勒梅尔离开阿姆斯特丹，蛰居乡间，开始计划报复。

为了报复荷兰东印度公司，勒梅尔用到了当地谷物交易商们一直在用的一种交易形式：交易双方约定在未来某个日期以某个价格进行一次交易。比如，某个商人可能会承诺以100荷兰盾的价格在一年后的今天购买一蒲式耳的小麦。这被称为期货契约（futures contract），如今人们会签订大量这种契约，总价超过数万亿美元。

经由同盟，勒梅尔进行了秘密操作，他开始签订荷兰东印度公司股票的期货契约。1608年10月，一名和勒梅尔合作的商人同一名阿姆斯特丹钻石商人达成协议。这名商人同意在一年后以145荷兰盾的价格将一股荷兰东印度公司的股票卖给钻石商人。这意味着如果在交割的时候股价低于145荷兰盾，勒梅尔可以在公开市场上买一股，转手卖给钻石商人并获利。股价越低，勒梅尔的利润越高。勒梅尔签了大量的类似协议，渐渐地，他卖出的股份比他真正持有的多了。如果股价大跌，那他就发财了；如果股价大涨，那他就破产出局。

因此勒梅尔开始试着拉低股价。他在阿姆斯特丹的同盟开始散布荷兰东印度公司遇到麻烦的谣言：公司开支过大、船只沉没或者被敌人俘获、利润没有大家想象的那么高。毫不意外的，荷兰东印度公司股票的价格开始下跌。

公司主管们不知道勒梅尔从中作梗，但他们意识到有人在赌股价下跌，也听闻了关于公司的谣言，知道股价正在下跌。荷兰东印度公司是国家的骄傲，也是荷兰国际实力的底气。为了国家（以及为了主管们业已投入荷兰东印度公司股票的巨量个人财富），他们决定阻止对公司的攻击。

主管们先是寻求法律帮助。他们声称有人在用"肮脏的阴谋"把股价搞下来，还暗示外国间谍可能是这一切的背后黑手。"敌人在那些大卖家中安插了自己的同伙。"他们写道。为了防止敌人主导的肮脏阴谋未能获得官方的注意，主管们还补充说受害者包括大量持有荷兰东印度公司股份的寡妇和孤儿。

在间谍敌人（实际上是做空荷兰东印度公司的人）对战孤儿寡母（实际上是股东）的情况下，荷兰的立法机构采取了世界上所有立法机构都会选择的措施，它竭尽全力让自己看上去是站在孤儿寡母一方的。1610年2月，立法者们禁止了投资人承诺在未来出售目前他们还没有持有的任何股份。换句话说，他们让勒梅尔的计谋成了非法行为。

荷兰东印度公司的股价立竿见影地回升了。好几个勒梅尔的同伴因此破产，勒梅尔也损失了大量金钱。他的计谋失败了，主管们则得到了自己想要的美好结局。

但是！如果勒梅尔团队说的是真话呢？如果股价真是因为某个原因下跌呢？

当政府决定如何处理做空荷兰东印度公司的人的时候，一群股东（可能也包括了勒梅尔的同伙）认为股价下跌就是因为公司业务不是很好。"众所周知，（公司）派出了远超必要数量的船只。"他们写道。勒梅尔也给一名政府高官写了封信，写明所有搁浅和消失的荷兰东印度公司船只累积的成本。而那些成功返航的船运回了过多的肉豆蔻，其他货物则远不够。所有肉豆蔻都积压在仓库中，质量正在变差。根据勒梅尔的说法，做空荷兰东印度公司的人不过是根据"每天自己获知的信息而进行股票买卖的股东"。而公司主管们，勒梅尔指出，则在高位购买了大量股票。他们禁止做空不是为了保护孤儿寡母，他们这么做是为了自己发财。

今天，要是某只股票的价格突然开始下跌，公司CEO的常规操作是上电视节目，宣称做空的人在散布谣言。人们的退休金可是投资了我们公司股票的！想想那些孤儿寡母吧！人人都想股市长红，而那些赌股价下跌的人看起来就是坏人。

但股票市场的要义不是一直上涨。股票市场的意义在于为股票找到合理的价格，这个价格要完美反映出所有事关公司运营以及世界局势的全部已知信息。显然，股票市场有时候在这个任务上会遭遇惨败。但市场上的投资人越多，且更关键的是，他们带入市场的信息越多，市场才能更好地找到正确的价格。允许人们因为某只股票价格下跌而获利能带来对投资者的刺激，刺激他们排除欺诈并传播那些被忽视掉的坏消息。这是好事儿。

勒梅尔没有停止向官方争取自己口中所说的应得的钱，但后者从未支付。最后勒梅尔在一个滨海小镇里去世，墓碑上刻着这样一段墓志铭：

  此处长眠着伊萨克·勒梅尔，商人，在其遍布世界的商业冒险中，受上帝庇佑，收获之巨，以至于他在三十年里（为自己的荣誉）损失了超过150000弗罗林（florin）的财富。

这大概是世界上唯一一个炫耀逝者损失巨额金钱的墓碑。同时，这里似乎还有个错误。在生前的一封信里，勒梅尔提到的损失是1600000弗罗林，他的墓志铭上少了一个0。

第六章

逃犯约翰·劳获准印钱

哪怕繁荣如阿姆斯特丹，也有金钱的问题。在这里，问题不是像英国一样硬币短缺，而是硬币的种类太多了。

欧洲各地的商人都来阿姆斯特丹做生意。他们通常用手写的付款承诺来付款，有点像远期支票，当时被称为汇票。但每当需要承兑汇票，就是要用真金白银付款的时候，事儿就麻烦了。所有外国商人都用着来自不同国家、城邦的硬币，因此阿姆斯特丹市政府委派官员去核定近千种硬币的价值。其中不乏假币，还有些硬币被刮过，比其应有的重量轻不少。有时候商人们真的需要一枚硬币一枚硬币地过。这对专职兑换硬币的商人而言是重大利好，同时也是骗子的温床，但对于只想好好做生意而不想担心每一枚硬币的诚信商人来说，则是大麻烦。

因此，在1609年，距离荷兰东印度公司建立仅过了几年，市政府成立了一家公共银行，一家所有者不是硬币兑换商或者投资人的银行，而是归阿姆斯特丹所有的银行。这家银行的目的不是赢利，而是解决阿姆斯特丹的硬币问题。和银行一起诞生的还有一项新的法律，规定如若你在阿姆斯特丹有到期汇票需要承兑，必须去这家银行办理。

商人们在这家银行开立账户。当汇票到期的时候，他们只需通过银行将钱转进或转出自己的账户，形式是由银行更改账簿上的数字，就能完成收付款。他们再也不需要担心各种不同种类的硬币，也不用担心假币了。银行的账户（银行账簿上的数字）就是他们的钱。这可比硬币好使多了。

随着约翰·劳在整个欧洲大赌特赌，他也目睹了阿姆斯特丹因为有银行为所有人创造了可靠的钱而变得越来越富，还有任何人都可以参与投资的股票市场，以及在世界另一边的大量殖民地（和很多同时期的欧洲同胞一样,劳显然没有被殖民者的残暴所困扰）。在某个时刻，劳有了一个愿景。他即将停止在欧洲的晃荡回到苏格兰，不是以赌徒或谋杀犯的身份而是要以带来经济革命的英雄身份凯旋。

等劳回到苏格兰的时候，他三十出头，已经在欧洲晃荡了快十年。一到家他就开始试图说服自己的老乡，声称他们正在用岌岌可危、钱从来不够的金融系统搞垮自己。1705年，他出版了一本120页的小册子，名叫《论金钱和贸易，以及为国家供应金钱的提议》(*Money and Trade Considered, with a Proposal for Supplying the Nation with Money*，出版商是他的姨妈)。

他列举了荷兰的例子，说有太多的因素会导致其成为一个垃圾国家。

> 荷兰的自然条件劣势有：面积太小，土地贫瘠，没有矿产，寒冬漫长，空气不行，海岸线也不安全，河流难以通航，一面要防着海，一面要防着强大的邻国，等等。

但无论如何，因为解决了金钱的问题，荷兰繁荣了起来。

> ……他们成了富有且强大的民族。

而苏格兰,劳写道,情况刚好相反。

> 苏格兰天然具备贸易优势。幅员辽阔,容易防御,人口众多,空气新鲜,矿产丰富……还有安全的海岸线,便于通航的河流,河流海洋里满是鱼类……

苏格兰只需要解决金钱的问题就行。

苏格兰需要创造更多的货币。足够的货币能让人们更低成本地借款和投资,还会为失业的人创造工作机会。这就是今天没什么争议的基本货币政策,但在当时这可是破天荒的。要想有更多的货币,苏格兰要放弃过时的想法,成立一家由政府控制的银行,就和阿姆斯特丹的那家一样。但苏格兰还要走得更远。劳提出,这家新银行应该印刷不由金银而是要靠土地来支撑的纸币。这样一来,苏格兰就能获得多得多的货币,甚至还不需要更多的金银。

苏格兰议会就是否要接受劳的提议展开讨论。其中一党的党魁将劳的提议称为"奴役国家的阴谋",反对党的一名伯爵则为这个提议辩护。因此,这位党魁向伯爵发起决斗的提议（总是要决斗）。两人在城市边缘碰面，找了些借口，向天开了几枪空枪。决斗结束了，无人受伤，但劳试图改变苏格兰的机会没有了。不久之后，苏格兰和英格兰合并成大不列颠的前景明朗了，而约翰·劳身为被英国通缉的谋杀犯，不得不再次逃亡。

他再次在欧洲游荡。但这一次，除了赌博，他还幻想解决一整个国家的金钱问题，任何国家的都行。他向奥地利国王进言，后者没有上钩（但劳显然在维也纳的赌桌上收获颇丰）。他试图向萨伏伊公爵（Duke of Savoy）推销建立都灵银行（Bank of Turin）这个想法，但失败了。1714年，劳搬到巴黎，当地的官员认为他鬼鬼祟祟的。警长还就此提醒外交部部长：

> 兹有苏格兰佬，名劳，职业赌徒，且怀疑对吾王包藏祸心，目前高调抵达巴黎并购置了豪奢住所……然无人知晓其除了赌博以外的任何收入来源，赌博为其全部生计。

但劳终于能在巴黎歇口气了。在警长那封信的信沿上，外交部部长写道："其并非罪犯，不要去骚扰他。"

此时，劳有一名事实婚姻的妻子（她既没有正式和第一任丈夫离婚，也没有嫁给劳，但管他的，这是法国呀）和两个小孩。他超级富有（大量的钱存在阿姆斯特丹银行里），并在巴黎一处时兴的广场上买了一栋豪宅，就是在今天丽兹酒店的地址。劳收藏了大量意大利大师的画作，还有警长口中"数量可观的随从和仆人"。

但可能最重要的是，劳和奥尔良公爵（Duke of Orléans）成了好友，后者是一名放荡的法国贵族，正要时来运转一飞冲天。公爵的爱好包括在自家的化学实验室里做实验，写歌剧，以及和贵族朋友、歌剧歌手、演员彻夜不眠地狂欢，颠鸾倒凤，并"高声嘶喊各种不堪入耳的话"。公爵的重要人生时刻是1715年，法国国王路易十四驾崩。继承人路易十五年仅5岁。奥尔良公爵成了摄政王，这意味着他可以统治法国直到年幼国王成年为止。

他接手的是一个已经破产的国家。先王，也就是法国政府本身，借遍了所有能借到的钱，主要用来支撑一场无休无止的战争。他强迫人民上缴银币以重铸新币，还要收铸币费。因此人民的应对方式是把银币囤起来，将其偷运出国至更安全的地方，比如阿姆斯特丹。路易十四甚至绝望到熔掉自己的银制家什来铸币。然后他越借越多，还承诺债主可以获得全国未来多年的全部税收。

法国每一个有钱借出的人都把钱借给了政府。当政府无力偿还的时候，他们也没法支付自己的债务。在路易十四统治末期，经济完全崩溃了。"缺钱是普遍现象，贸易被摧毁，消费则减了半，无人耕作田地，臣民郁郁度日。"一名大臣写道。

劳当时44岁。过去十年他一直在推销自己关于金钱的想法。终于，自己的好友成了摄政王，他就要得到这个大好机会了。

如果所有人都相信它是钱，那它就是

在约翰·劳逃亡的二十年里，英国，曾经的一潭金融死水，已经大跨步超越了欧洲的其他国家，其方法就是解决法国国王面临的难题，实际上这也应该是每一个国王、每一个政府一直面临的难题：怎么筹钱。

政府们所做的正是当时政府能做的：对人民征税以及借钱。但欧洲的王权国家习惯以一种随意的、特别的方式征税和借钱。某年，国王可能会发行一款奖金巨大的一次

性彩票（也是一种税，但有趣得多！）。第二年，可能是卖一点年金债券，并找富人借钱。这笔钱也许会还，也许不会还。

1694年，英国试图用新的方式来解决政府缺钱问题。他们当时刚经历了一场革命，议会限制了王权。现在议会和新继位的国王及王后采用了即将大放异彩的全新方法，即银行、股票和纸币，并成立了一种全新的银行。他们叫它英格兰银行（Bank of England）。

这所银行做的第一件事就是出售股份，从投资人手里筹集了120万英镑。这些人不是把钱存在银行，他们购买股份用作投资，这和今天你在纽交所买美国银行（Bank of America）、富国银行（Wells Fargo）股票一样。

和马上满百岁的荷兰东印度公司一样，任何人都可以投资入股（英格兰银行）。而当时确实每个人都想入股。商人、农民、水手和牧师纷纷加入；国王和王后认缴了1万英镑，这是入股的上限金额。银行开始接受投资十一天后，就筹满了120万英镑。最后上船的是萨塞克斯郡（Sussex）的朱迪斯·雪利（Judith Shirley），投了75英镑。

银行转手就把这120万英镑借给了国王，后者承诺支付每年8%的利息。这并不仅仅是国王空口白话的承诺。议会通过设立银行法令的同时，也针对货运设立了一种全新的特别税，政府能够合法使用这个税金来支付借款的利息。

银行借给国王的钱不是以金币或者银币的形式支付的，它给出的是可以兑换出金银币的纸质凭证。国王用这笔钱来支付战争的开销。

英格兰银行大获成功。它为普通人用手中现金换取未来收益创造了一种全新的、安全的方式。他们可以通过银行把钱以规律且可预测的方式借给政府，并且有法律保证他们会收到还款。由于银行借出的钱要多于金库里的钱，为英国创造了更多的钱，这种方式比起一小拨金匠给顾客出具支票要靠谱得多。

到了1715年，约翰·劳已经制订了一套计划，不但要照搬英格兰银行已经做的，还要更进一大步，很大很大的一步。

每当劳闭上眼睛，他就能看见一个连接了所有时兴新事物的金融系统：银行、股票市场、贸易公司，以及政府筹款的新方式。在一封写给以摄政王身份统治着法国的奥尔良公爵的信里，劳用标志性的谦逊方式描绘了这一个系统：

然而银行还不是我唯一的，也不是我最棒的想法。我的计划将为法国带来有益改变，并将震惊欧洲，这比起发现印度或者发明借贷带来的改变都还要重大。通过这个计划，阁下将立于把法国抬出泥潭的位置上，并让其比任何时候都更强大。

劳成功劝说摄政王同意自己开设法国第一家功能完备的银行。它有一个显赫的名字——通用银行（the Banque Générale），但实际上它小到只能寄身在劳的家中。和英格兰银行一样，劳的银行通过出售股票筹资。但和英格兰银行不同的是，几乎没人愿意入股。法国精英们大肆嘲笑劳的小银行。一个作家称其为"一个仅仅值得被嘲笑的想法，没人相信它能坚持下去"。约翰·劳和银行业本身都显得很怪异和陌生，总之不值得信任。

但劳自己坚信（会成功）。他信仰之坚，甚至自己买了银行1/4的股份。也许更重要的是，劳的老酒友，刚好统治着法国的奥尔良公爵，也相信他。1716年夏天，奥尔良公爵从皇家铸币厂往通用银行运去了好几箱金子，并确保每个人都知道这件事儿。一本巴黎杂志记载："通过命令铸币厂送100万到劳先生的银行去，摄政王大力支持了这位英国人名下的银行。每个人都相信这家银行能稳住，毕竟皇家资金也进去了。"

记住最后一句话的前几个字：每个人都相信这家银行能稳住。这就是银行的本质（同理，也是金钱的本质）。如果所有人都相信一家银行能稳住，那它一定稳得住。反之，如果人们觉得一家银行要垮，那它肯定会垮，哪怕它资金充裕。

来自公爵的巨额存款确保了劳的银行能存活。银行的重大突破出现在第二年，1717年，摄政王发布新法令，要求巴黎和巴黎周边的所有人用银行发行的纸币来支付税款。

关于金钱的一个很好的定义是：它是你用来交税的东西。在一个不同东西（汇票、金银币、私人银行的凭证）竞相成为金钱的世界里，政府同意用之交税的那个东西一定会赢，一定会成为金钱。这正是1717年的巴黎所发生的。当摄政王强迫人们用纸币交税，约翰·劳发行的纸就是法定货币。现在既然劳发行的纸成了金钱，那他可要大干一场了。

第七章

百万富翁的诞生

到了18世纪初,荷兰、英国、西班牙和葡萄牙已经环球航行数百年,他们四处偷盗劫掠,搜集肉桂,大肆发财。从16世纪开始,法国人对北美洲进行了一系列远征,成功把很大一块属于今天加拿大的土地,以及以密西西比河为中心、今天美国本土面积近半的区域收入囊中(当然,法国人并没有征得已在当地生活了数千年的美洲原住民的同意)。

就在摄政王要求巴黎人用劳的纸币支付税款的时候,他同时也批准了劳的另一个冒险。这是一个正式名称为"西部公司"(the Company of the West)的公司,但人人都叫它密西西比公司。法国政府授予这家公司在密西西比河上所有法国贸易的垄断权，和荷兰东印度公司的性质一样，甚至还要更好。

劳承诺密西西比公司将帮摄政王解决先王累积起来的债务。这些债务是以债券形式存在的：法国的富人们把钱借给国王，得到国王会还款的承诺，外加4%的年息。但光是支付这些利息就已经成为负担。因此劳同意法国投资人用手中的债券来换取密西西比公司的股票。这样公司就接过国王的债务，但利息低一点，偿付周期长一点。这么做既可以减少政府应付的利息，同时还可以为劳的公司带来收入。

劳向那些持有债券的有钱人推销自己的想法。他问他们更想要什么，是那个不靠谱的小国王可能给也可能不给的4%年息，还是新世界取之不尽的财富呢。

法国人选择了4%的年利息。和劳的银行一样，几乎也没人愿意加入他的贸易公司。因此，又一次，劳和奥尔良公爵投入了自己的钱。

然而，事情慢慢地改观了。1718年春天，在密西西比河入海口附近，公司的一个殖民者建立了一个新的首都。他想要讨好摄政王，因此以摄政王的名字命名这座城市：新奥尔良。

在法国，劳的坚持终于开始有回报。人们发现自己喜欢用劳的纸币：毕竟，它比起金子和银子更方便。几年之内，银行就在全国境内开设了好几家分行，人们只需要前往所在地的分行办理转账，就可以在城市之间转移金钱。随着发放贷款和印钞，劳的银行似乎确实给法国经济带来有效刺激。种植和制造这类基础行业再一次步入正轨。

"张口就是百万大生意"

1718年12月，劳的银行更名为皇家银行（Banque Royale）。它如今由国王全权控制（也就是说由劳的老友奥尔良控制）。新的规章规定，只要国王同意，银行可以随意印钱，同时还正式明确了银行和密西西比公司的所有权关系。更多的纸币意味着更多的贸易，每个人都会因此受益。银行和公司会互相支持，整个法国（当然还有约翰·劳）都会因此更富有。

一切进入快车道。接下来的几个月里，劳把其他本应和亚洲、非洲进行贸易但毫无作为的法国公司同密西西比公司进行合并。劳还获得在法国交易烟草的权利。("人们称其为魔法植物，因为一旦吸上就没法戒掉了。"摄政王的母亲帕拉坦公主曾这样说道。）

为了支付这些并购，劳计划出售密西西比公司的新股份。人们知道公司在扩张，刚好口袋里也有钱（劳的银行印的钱），每个人都想买点股份。此时劳使出了天才的一招，他宣称：除非你已经持有股份，否则就无权购入新股份。因此大家都蜂拥去抢购已发行的股份，公司股价开始飙升。

几周以后，公司从皇家铸币厂手中买下了后者未来九年的所有收益权。劳用另一批股份支付了这笔款项：要想买这一批股份，你必须持有前面发行的两批股份。股价涨得更高了。

等到1719年8月，股票以每股超过3000里弗的高价在流通，几个月之前的价格还只是每股500里弗。此时，劳即将进行最大的动作了。劳向国王提议，自己可借给他足以支付法国全部债务的钱。这基本上等于是在合并国王的贷款：不同的贷款合在一起，降低国王需要支付的利息。国王（其实就是摄政王）同意了劳的提议。为了筹钱，劳出售了更多股份。

人们知道一旦股份进入公开市场，价格只会上涨，因此他们找到劳，想要从他那里直接购买股份。"劳一直被求着他的人和奉承他的人围着，门被强行关上，人们就从朝向花园的窗子爬进来，或者从书房的烟囱里掉下来，一开口就是百万大生意。"当时一名贵族描述道。"百万富翁"这个词就这样被发明了，它指的就是这些因为密西西比公司股份而致富的人。

劳持续吞并着越来越多的法国的生意。渐渐地，顺理成章地，摄政王授予劳替国王收税的权力。人们买的一针一线上，都有法国政府的特别税。劳用单一的所得税取代全部特别税，一来是更方便，二来也减轻穷人的负担。"人们涌到街头唱歌跳舞，仿佛快乐让他们无心工作，他们现在不再需要为木材、煤炭、干草、燕麦、油、红酒、啤酒、面包、纸牌、肥皂、牲口、鱼，总而言之，任何东西，单付一法寻[1]的税了。"当年秋天，在巴黎的丹尼尔·笛福（Daniel Defoe，1660—1731）[2]写道。

法国快速繁荣起来，到处都是钱。乡间，农夫开始在抛荒已久的田地上耕作。在巴黎，工匠们卖出比以往任何

---

[1] farthing，英国旧时货币，相当于1/4便士。——译注
[2] 《鲁滨孙漂流记》作者。——译注

时候都多的蕾丝、盘子和服装。政府雇佣工人修路筑桥。法国士兵出征抗击西班牙：他们总是在和某国打仗，但这一次，政府无须熔掉国王的银器就能付军饷了。

约翰·劳越来越代表法国经济。他为政府征税，收取政府债务的利息；他垄断了法国在欧洲以外的全部贸易；他还可以印钱。

密西西比公司的股价一直在涨。全欧洲成千上万的人涌入巴黎想要上船。他们挤在公司办公室周围获取第一手信息，买卖股份。马车因此无法通行，于是市政官员在街道两端装上铁门，停掉了交通。每天早上七点，他们摇铃敲鼓后打开门，人们蜂拥而入买卖股份。英国大使馆的一名书记员写道，这条街"从早到晚都挤满了王子公主、公爵和公爵夫人，诸如此类的人，一句话总结就是法国贵族都来了。他们出售地产、当掉珠宝，只为购买密西西比公司的股份"。劳的男仆（就是站在马车车厢后面的人）因持有公司股份而变得非常富有，他干脆辞掉工作，自己掏钱雇了两个男仆，一个为自己服务，一个为劳服务。12月初，股价达到每股1万里弗。

劳在当初无人问津时买下的公司股份让他从一个因为谋杀而逃出英国的人，变成欧洲最有钱的非皇室成员。他买下十几处乡间房产，巴黎的好几处豪宅，一大堆钻石和4.5万本书。

1720年1月，劳被任命为全法的总财政监察官（Controller-General of Finances），这是仅次于摄政王的法国第二有权的职位。这份工作给了约翰·劳极高的地位，和他的财富相得益彰。政府感谢他"创立皇家银行，施行支付公共债务、增加国家财富、纾缓民众困境等各种措施，为法国做出了重要贡献"。

实体经济 vs. 密西西比泡沫

密西西比公司的股票，和苹果公司或者美国通用以及如今任何一家公司的股票一样，保证持股人能分得公司未来利润的相应份额，且永久有效。而密西西比公司股价在1719到1720年的上涨是基于对未来巨额利润的预期，当时这看起来很靠谱。西班牙人刚在南美洲发现一座满是白银的山，荷兰人则因为控制了满是肉桂和丁香的偏远海岛而富得流油。法国流传着关于密西西比河流域巨大财富的故事：一座翡翠山，巨大的银矿，成百上千的豪宅正在新奥尔良拔地而起。

实际上，并没有什么翡翠和白银。直到1719年，法国定居者们不过只在新奥尔良修了四栋房子而已。但劳似乎真的坚信那里藏着了不起的东西。公司购入几十艘船，劳自己出钱把定居者送到密西西比河以西的一个地方，也就是今天美国阿肯色州的位置，让后者去种植烟草、探寻银矿。大部分定居者死于疾病和饥饿，这也是欧洲人去那里后的常见遭遇。全欧洲的人为了发财，都涌到巴黎来买卖密西西比公司的股票，但没人去密西西比。因此劳推动新的法令，把逃兵、妓女和罪犯流放到美洲，1719年满载着被迫流放者的船只开始横渡大西洋。这是一次绝望的挣扎，情况一点都不乐观。

1720年3月，约翰·劳发布了一则惊人的消息（这则消息最终摧毁了他的整个计划）。他宣布密西西比公司将以每股9000里弗的固定价格回购不限量的股份，这个价格仅比当时公开市场上交易的价格略低一点。看起来他似乎想要阻止价格上涨，稳定市场。结果是大量的人把手中的股份卖回给公司，而银行（现归属公司）印了更多的钱来回购这些股份。

经济学家们有个奇怪的短语："实体经济"（the real

economy）。它大概指的是所有发生在金融业以外的经济活动。为你建房子的木匠是在实体经济里工作，但贷款给你买房子的银行家不是。当经济繁荣的时候，实体经济和金融业互相支持。银行家发放贷款，因此你可以购买木匠修建的房子。每个人都得利（理论上是这样的）。

但有的时候实体经济和金融业会脱钩。有时金融业落后于实体经济，那就没有足够的钱或者贷款流通，没人愿意投资任何东西。这就是约翰·劳到法国之前，法国的情况（大萧条则是现代的典型例子）。

其他时候，金融业会冲在实体经济前面。市场上有太多的钱，太容易获得贷款，每个人都想搞投资。人们买入股票不是因为想要在未来某个时刻从投资中获得收益，而是他们推测能够在一天或者一个月之内以更高价格把股票转手卖出。这正是1720年法国发生的事儿，这也正在变成实体经济的麻烦。市场上流通的新钱正在推高基本商品的价格，比如小麦、蜡烛和牛奶。从1719年秋天到1720年秋天，这些商品的价格几乎翻倍。

劳意识到自己需要把钱从流通中抽出来，让金融业和实体经济协调一致。他信仰纸币：关于纸币的"福音"他已经唱了十五年。他认为要是能让人们不再拿金银作为钱使，他就既能稳定住经济，又可最终打破贵金属和金钱之间的连接。

1720年的头几个月里，他让持有大量金银币成了非法行为。突然间大家有了不少新的金银首饰。然后劳又让制作超过1盎司的金器成为犯罪，只有十字架和圣餐杯例外。这立刻导致了巴黎的虔诚度大爆发，大型的金十字成了最最时兴的东西。劳接着禁了大型金十字。

珠宝商大发其财的同时，事情正在脱离劳的掌控。他强行通过一系列措施，要求人们在进行任何大额交易的时候都使用纸币。然后他宣布，到了年底，将不再可以使用纸币兑换金银。纸币将仅是纸币。

1720年5月，劳更进了一步。他宣布纸币的价值会逐步减半。此时，整个法国都愤怒了。暴乱持续了三天。银行关闭了，人们投掷的石块还继续破窗而入。

一周以后，摄政王驳回了劳的决定并取消了法令，但已经于事无补。整个系统开始自由落体。人们挤满巴黎的大街小巷，不是在交易密西西比公司的股票，而是在用纸币换银子。银行当然没有足够的白银，农夫们也不再接受纸币付款。

劳被开除，然后再被聘了回来，接着又被开了。如同是数百年前中国发生的一切的回音，摄政王彻底放弃了纸币和银行。政府回到使用金银币的状态，借了新的债务来补偿在密西西比公司股份和纸币上损失财富的民众。似乎劳从未存在过。

劳被软禁在家中。暴徒们袭击他的家和马车。他唯一的选择就是逃离法国，和他在二十五年前逃离英国一样。12月，他乘坐一架借来的马车前往布鲁塞尔，顶着一个假名住了下来，叫什么其实不重要，因为每个人都知道他是谁，所以当他去剧院的时候，奇怪地获得了人们的站立欢呼。他回到英国，跪倒在一群法官面前，被赦免了几十年前那场决斗中因杀死花花公子威尔逊而背上的谋杀罪。

他一直写信给奥尔良公爵，希望能被允许回去。他依然对自己的体系怀有信心，他说自己可以修复一切。奥尔良公爵可能最终会同意吧，但他在1723年死于一场心脏病突发，终年49岁。当时他和情妇在一起。

后来，劳和儿子定居威尼斯。他那个事实婚姻的妻子和女儿还留在法国，他再也没有见过她们。劳的大部分财富都困在了法国，因此他再一次以赌博为生。赢得的钱足够过日子，但他没能发财。债主们也还一直追着他，直到他于1729年3月去世，在他58岁生日前夕。

*　*　*

1720年底，正当法国经济脱轨的时候，一个荷兰艺术家发表了一系列卡通画，描绘法国发生的事儿。我最喜欢的一幅画上画着挤满人的大街，三个人正把金币从劳的喉咙里灌下去。劳蹲着，光着屁股，一张纸正从屁股里出来，人群中的一个人拽着那张纸。

这一幕所呈现的，差不多成为对法国人口中的"约翰·劳体系"或者英国人口中的"密西西比泡沫"的标准看法。劳拿走了所有的钱，回报给法国的不过是垃圾。他谋划了一场长期的骗局，最后被揪了出来。

我不认可这种看法。1716年，约翰·劳第一次推销关于银行的想法时，奥尔良公爵咨询了自己最信任的参谋之一圣西蒙公爵（the Duke of Saint‑Simon），问他有何看法。圣西蒙公爵告诉他劳的想法有道理，纸币对法国的经济有好处。但是，圣西蒙公爵还说到，也有一个问题。法国不像荷兰是一个共和国，也不像大不列颠有着强有力的议会，它是君主专制国家，国王能够随心所欲。无法避免地，国王或者为国王工作的人会被银行的权力带偏，印出过多的钱，然后系统会因此崩溃。

Credit: The Granger Collection

为了确保现代的金钱能用,需要有银行、股票市场,以及一个中央银行,彼此间需要存在对立。投资人、银行家、活动家和政府官员都需要一直讨论各自的角色以及出手的时机。直到今天,这些人还会说整个系统是残破的:政府干预太多,或者银行家们逃掉了惩罚。但这些讨论本身至少是必要的,哪怕它们不足以让这个系统有效运行。其间,贷方和借方、投资人和工人等利益不同人群的拉扯,是保证货币稳定的东西。经济历史学家认为英格兰银行和纸币能在英国成功的很大一部分原因是议会刚获得了权力来制衡国王。人们更愿意把钱借给政府是因为他们认为议会会让国王规规矩矩的。

约翰·劳的体系不是天生就有缺陷的,约翰·劳本人才是有缺陷的。他失败是因为他想要太多的权力,而当他得手的时候,法国的权力结构则意味着没有人可以反抗,没办法创造必需的平衡。

就在劳创立银行前夕,圣西蒙公爵说道:"在君主专制的国家里创立一所国家银行将会是致命的,而在自由国家这可能是聪明的选择以及有利可图的行为。"

第三部分

社会更富有，但并非每个人都能有更好的生活

金钱给人的感觉是有限的。感觉只有固定量的钱在流通，如果有人的钱多了，必然就有人的钱少了。在绝大多数时候、绝大部分地方，情况基本都是这样的。但就在约翰·劳去世后的几十年里，一切就变了，显然这还是永远地变了，至少目前看来如此。

现在,人人都能有更多的钱。第八章会用一种间接的方式，讲讲变化的来龙去脉。第九章则会展示更直观但没那么美好的必然结果，正是因为人人都能有更多的钱了，也就意味着不是每个人都能有更多的钱。

第八章

我们几乎每个人都比祖先更富有

在人类历史中的大部分时候,世界是黑暗的。照明的成本实在太高,以至于太阳一落山人们就只能躲进窝棚或者小屋里,等黎明再临。

从被迫躲在黑暗中到拨动开关就能拥有无限光明的故事能解释世界上非常非常多的事儿。它解释了为什么大部分人不再担心饿死,也解释了为什么大部分人不再靠务农维生,以及为什么我们的世界里有人可以当私人教练或者从事人力资源管理。它解释了气候变化,也解释了为什么世界上金钱的总量不是固定的,为什么有人得利不代表就有人遭受损失,为什么人人都可以有更多的钱。

20 世纪末，耶鲁大学的经济学家威廉·诺德豪斯[1]痴迷于探究照明的历史。他知道照明是社会的永恒需求，也意识到如果自己真的搞懂了人工照明的经济原理，就能搞清楚如何评估物质文明的历史发展进程。

诺德豪斯要解决的谜题如下：过去，就拿过去四千年来说吧，人工照明的价格是如何变化的？对于经济学家们来说，价格基本上就是世界的核心，是金钱这个抽象概念遇上现实的地方。

诺德豪斯决定从古巴比伦（美索不达米亚平原上的一个城市，即前文提到的记账员们发明书写的地方）开始研究。为了搞清楚古巴比伦人如何支付照明的费用，诺德豪斯买了一盏古代风格的油灯。刚巧，古巴比伦人用芝麻油点灯，所以诺德豪斯还在杂货店买了点芝麻油。他从耶鲁管设备的一名同事那里借来一只测光表，然后把油灯放在自家餐厅的餐桌上，点亮，测量油灯的照明能力，并观察多久会耗尽四分之一杯的芝麻油。

从另一个学者那里，诺德豪斯获得了古巴比伦人的收入数据，以及当时芝麻油的价格。然后他进行了一些数学

---

[1] William Nordhaus，2018 年诺贝尔经济学奖得主。——译注

运算，让自己能够纵向比较人类历史上人工照明的费用。慢慢地，他之前的问题有了答案。如果你是一名普通的古巴比伦人，用一天的收入来点灯，并想获得相当于一盏60瓦白炽灯的亮度，那一间小房间能被照亮多久呢？

十分钟！工作一天只能换来十分钟的光明！

在古巴比伦，人们需要耗费大量时间来种植芝麻，而后大量时间被用来榨油。结果就是，芝麻油，或者更相关的，点燃芝麻油获得的光明，真的很贵。

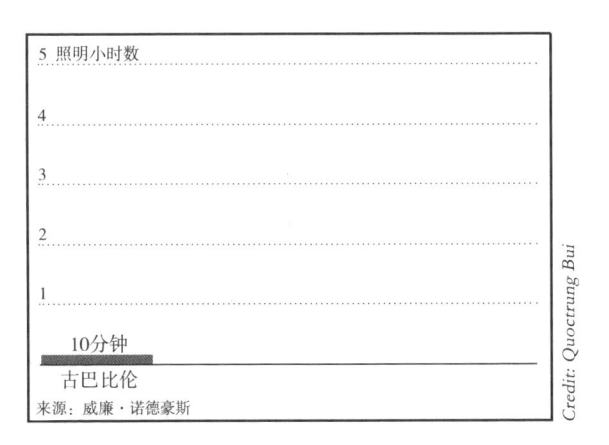

5 照明小时数	
4	
3	
2	
1	
10分钟	
古巴比伦	

来源：威廉·诺德豪斯

Credit: Quoctrung Bui

后来，在世界范围内，人们用任何可能的方式追求光明。在加勒比海和亚洲的一些地方，人们抓萤火虫制作灯笼。英国的一些地方，人们往一种海燕（已经死了的）的喉咙里插入柳条,做成蜡烛。

但在几千年里的大部分地方,人工照明都很贵,因此世界留在了黑暗中。这听起来可能还挺浪漫的,月光,星星!但对于很多人来说,在大部分时候黑暗可太糟糕了。黑暗不是那种你能够步入进去探索的美丽事物,黑暗是危险的,是那种能困住你的东西。曾经的巴黎真有一条法律规定,每天晚上,每个人都要把自家钥匙交给一名地方官然后回家,好让后者把他们锁在家中。

到了 18 世纪,一种新的光源得到广泛应用:鲸油。这对于鲸鱼而言可太太太糟糕了,但确实也意味着照明变得更便宜更好了。诺德豪斯计算出 18 世纪的相关数据,下面是他的结果:

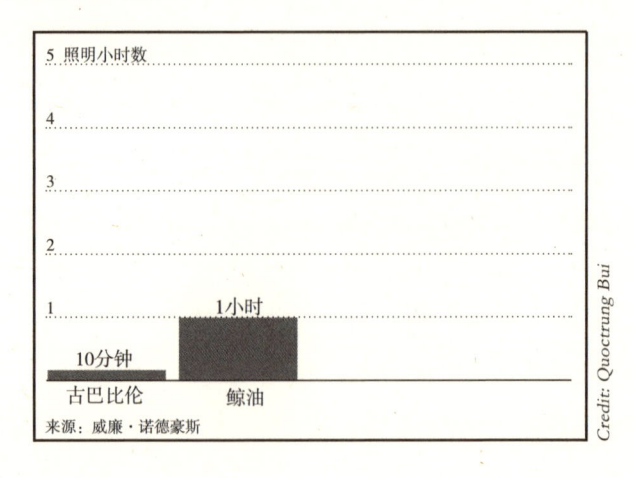

	照明小时数
古巴比伦	10分钟
鲸油	1小时

来源:威廉·诺德豪斯

Credit: Quoctrung Bui

人类的情况绝对是变好了（悲剧的是，鲸鱼的情况则更糟糕了）。人类从用一天劳作只能换十分钟光明，变成了一天劳作能换一个小时光明。但这个成果花了四千年才达成。

18世纪，比起现代世界，地球上各处的日子更像是古巴比伦时期。人们还是用同样的方式旅行：走路、骑马、乘船。大部分人依然务农维生，通常住在某种形态的窝棚里，努力种出足够的食物，只求不被饿死。

之后，1800年前后，一切都改变了。当你回顾历史，就好像同时存在着两个不同经济形态的宇宙，一个是1800年之前的宇宙，一个是之后的。这个关键时刻就是工业革命，它始于英国的蒸汽供能制衣，进而席卷全球，开始制造一切。其实并不完全清楚为什么在这个特定的时刻一切发生了如此巨大的变化，但有几件事对于照明的历史来说非常关键。

首先，大致来说，是对科学的实际应用。其涉及的重要突破不是发现了地球是绕着太阳转的，也不是两个物体之间距离的变化会带来引力的变化；这个突破是发现了一种能带来更多新发现的体系，也就是科学方法。不是所有的新发现在当时都有实际应用，但其中某些确实有用。

到了1850年左右，科学家亚伯拉罕·格斯纳（Abraham Gesner，他是物理学家，也研究地理学）发明了一种新技术，能把沥青或者石油转化成一种被他称为煤油的燃料。这是一个了不起的突破，煤油比起在它之前的任何一种光源都要好上太多了。煤油更亮，更干净，还要便宜得多得多。

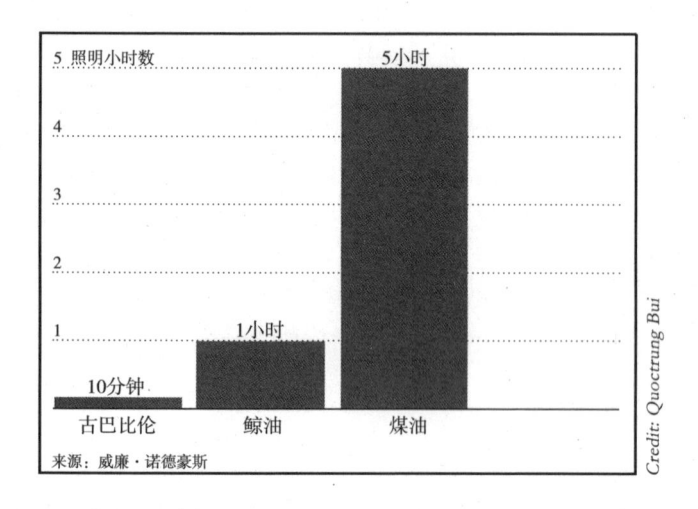

照明小时数	
古巴比伦	10分钟
鲸油	1小时
煤油	5小时

来源：威廉·诺德豪斯

Credit: Quoctrung Bui

有了煤油，诺德豪斯估计，一天的收入能给一名欧洲工人带来约五小时的光明，一个人能买到的照明时间翻了五倍，基本上和前四千年累积的翻倍数差不多。

电灯时代

托马斯·爱迪生（Thomas Edison，1847—1931）和电灯（照明史上的重大时刻）的故事在一定程度上是关于科学和技术的。但不止于此，它还是关于金钱的故事。

19世纪70年代，很多人都在尝试使用电能照明。美国和欧洲的发明家们在研究一种名叫弧光灯（arc light）的技术，这是一种巨大的、超级明亮的光源，悬在高柱顶端。它们被用作街灯和工厂照明，但其对于住宅和办公室来说则过于巨大和明亮了。

1878年9月初，爱迪生第一次去考察弧光灯，立刻就意识到自己能做得更好。但要做出更好的版本也就是发明我们熟知的电灯泡，会非常烧钱。那些爱迪生花费数年历经几千次试验才发明灯泡的故事在一个很重要的方面并不完全准确：爱迪生不是孤军奋战。当时他已经有了一整个发明工厂，就坐落在自家位于新泽西门洛帕克（Menlo Park）的住宅旁边。工厂里雇用了抄写员、技师、机械师和铁匠帮他搞发明。

爱迪生早已名利双收，当时他已经发明了唱片机！尽管如此，他也知道自己没法独自承担发明电灯泡的开支。

他写信给自己的律师:"我现在只想要获得资助,以便能快速推进照明(的革新)。"

幸运的是,爱迪生和有潜力的发明家当时已经有了一种从很多人那里快速筹到巨资的方法:可以设立一家公司。公司已不再是由政府成立、用来推行帝国主义的东西了,它们现在对所有人开放。

10月16日,距离爱迪生考察弧光灯仅过了一个半月,爱迪生电力照明公司成立了。这家公司最终蝶变成通用电气(General Electric,GE)。和当时创立的很多公司一样(今天的也是),这是一家有限责任公司(LLC)。这意味着投资人投资公司的同时能得到保证,如果公司垮了,他们只会损失投入的那笔钱,而不损失其他任何个人财产。这在今天看来是理所当然的,只是提一下它都会让人有些困惑:你当然不可能损失投资以外的财产。但长久以来,如果你投资了某门生意,然后这门生意欠了别人钱,那你也脱不了干系。比如被欠钱的人可以收了你的房子来补偿你投资的生意欠他们的钱。公司和连带的有限责任让爱迪生们能够容易得多地找到愿意投资的人。

在爱迪生电力照明公司成立几周后,投资人蜂拥而至,筹集了5万美元(相当于今天的100万美元),爱迪生有了足够的钱来付团队的工资。这些投资人希望通过另一个金融业的创新来发家致富，而这个创新对于当时新发明的大爆发至关重要：它就是专利。专利（美国的国父们如此看重专利的重要性，他们把相关条款写进了宪法）的意义在于，它为人们想出新想法并和全世界共享带来了财富上的刺激。专利就是政府保证的、对新想法的临时垄断。所以要是你有了众人愿意为之付费的新想法，那你就能赚大钱。爱迪生电力照明公司的投资人获得了分享利润的承诺，无论爱迪生申请到了什么和电力以及电灯泡有关的专利都能分享利润。

在公司成立刚一年的时候，爱迪生为电力灯也就是电灯泡，申请到了编号为223898的美国专利。他不是当时唯一一个研究电灯泡的发明家，直到今天依然还在争论是谁在何时发明了电灯泡。但爱迪生持续获得了几十种有关电灯泡以及建立电网为电灯泡供能的专利。

几年之后，爱迪生开工建设第一个电网，这不仅是他的第一个还是世界历史上的第一个电网，地点在纽约。为此他需要更多的钱，因此他创立了另一个公司来筹款。1882年9月，距离爱迪生考察弧光灯并意识到自己能做得更好仅过了四年，某人拨动了一座新电站的开关，突然间，散布在下曼哈顿住户家中和办公室中的电灯泡亮了起来，如同魔法一样。但爱迪生没在电站拨动开关，他身处几个街区以外。在华尔街上，他和 J. P. 摩根[1]以及一群银行家一起见证了这一重要时刻。是金钱，和其他东西一起点亮了灯光。

这不仅仅是魔法，第一批电站焚烧的是会污染城市的粗煤。几十年后，爱迪生在曼哈顿东边修建了一座巨大的电站。从某个时候开始，市卫生部门开始派遣检查员上门。"当发现卫生部门检查员试图拍下烟囱的时候，房顶上随即就安置了侦查员，一旦看到摄影师出现就命令停止烧煤。"《纽约时报》写道。

然而，随着时间推移，能源以及随之而来的光明变得越来越便宜（也更清洁了）。一天的工资能买到的光明越来越多。不仅光明是这样，几乎所有东西都是如此。内燃机带来了拖拉机，农民的生产力提升巨大。突然，人类历史上第一次，大部分人再也无须终其一生去种植（或者捕猎、采集）食物了。这一切年复一年地继续着，贯穿了整个 20 世纪。所有东西都变得便宜多了。

1　J. P. Morgan，摩根大通银行创始人。——译注

耶鲁大学的经济学家威廉·诺德豪斯是在20世纪末进行的有关照明成本的研究。截至当时，假设一个典型的工人用一天的收入来点灯，这是他能够照亮一间房间的时长：

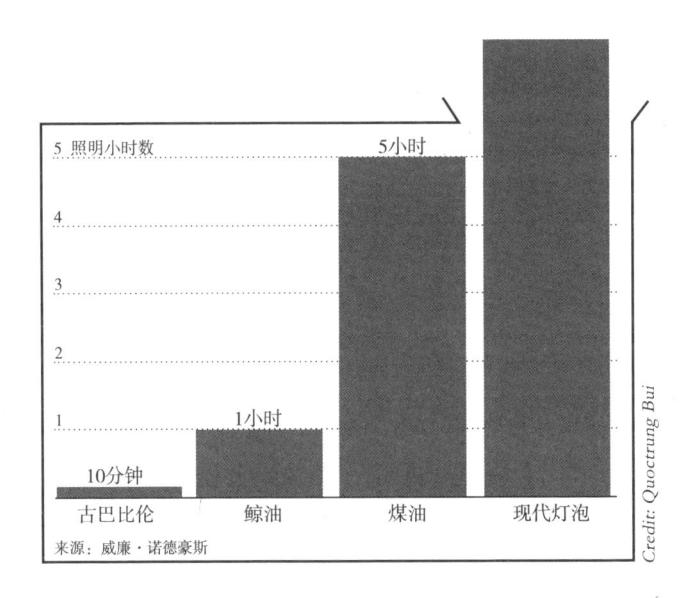

照明小时数	
古巴比伦	10分钟
鲸油	1小时
煤油	5小时
现代灯泡	（超过5小时）

来源：威廉·诺德豪斯

Credit: Quoctrung Bui

我们需要拉远一点来看：

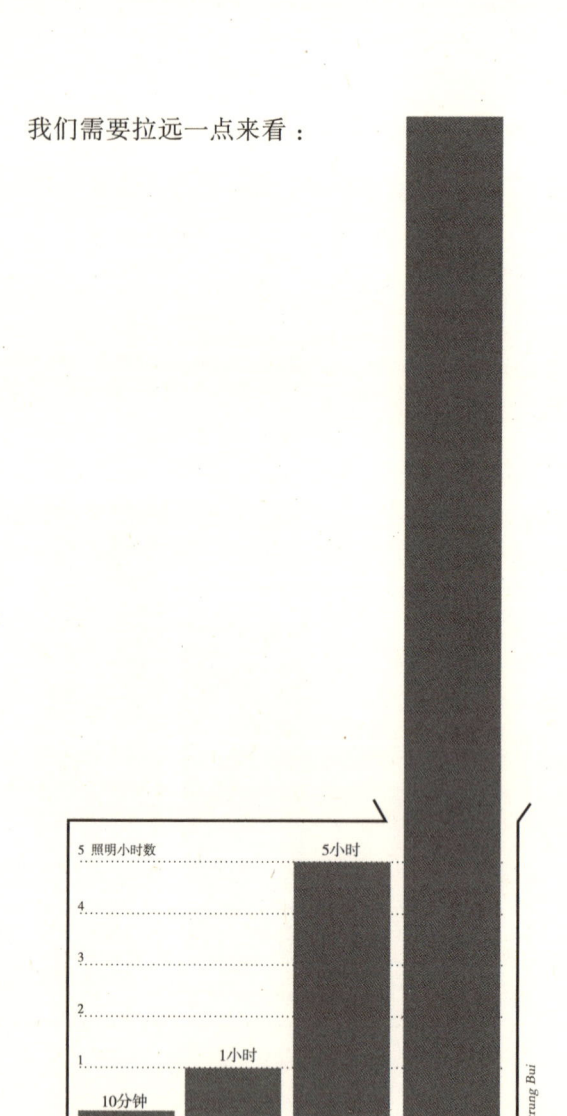

	照明小时数			
5			5小时	
4				
3				
2				
1		1小时		
	10分钟			
	古巴比伦	鲸油	煤油	现代灯泡

来源：威廉·诺德豪斯

Credit: Quoctrung Bui

106　　　金钱星球

再远一点,再远一点:

现代灯泡
20000小时

第八章 我们几乎每个人都比祖先更富有

因为几个世纪不断进步而累积出的惊人规模，一天的酬劳能够买到的照明时间是两百年前的 2 万倍。这一切是因为人们找到了很多聪明方法，让每个小时的工作产出更大。不仅是照明，现在我们比起自己的祖父母能制造出多得多的食物、衣服和其他一切。我们工作更少，所得更多了。

这样的生产效率进步不全是好事，比如造成的环境污染，后果就是毁灭性的。

但这让几乎每个人都更富有了。按实际数字来说，几乎每个人都有了超出自己祖先想象的金钱。

第九章

通过消灭工作致富

当电灯代替了煤油灯,人们无须再活在黑暗里。当发明了能用更低成本把棉花纺成线的机器,人们突然就买得起更多的衬衫和裙子了。但对于那些曾经要走遍全镇点亮煤油灯的人,或者对于那个在自家木屋里纺线的姑娘来说,这些发明就是灾难。

我们为创造了工作机会的人欢呼,但长远看来,我们是通过消灭工作来致富的:想出用更少人完成同样工作的方法。这不算是一个悖论(因为总有解决方法,我们总会找到的)。但对于那些生不逢时的人来说,这可太糟糕了。

我们身处一个这种冲突真实存在的时刻:如同风险投资人马克·安德烈森(Marc Andreessen)所说,软件正在吞噬我们的世界。客涯（Kayak）和亿客行（Expedia）让人们可以更方便、更便宜地买到机票，也让旅行社丢了工作。由电脑而不是真人驾驶的卡车能让货物在国内更便宜地流通，结果就是我们能买到更便宜的东西。因此我们要么可以买更多东西，或者买同样数量的东西同时存下更多的钱。无人驾驶卡车能让我们作为一个社会整体更富有，但不会提升卡车司机的生活水平。

这一切以前都发生过。也许不是全部：关于电脑、无人驾驶卡车和旅行社的事儿以前没发生过。但机器取代人工而造成巨大抗议的事儿，在18世纪的英国可是大张旗鼓地发生过。当时发生的和如今正在发生的事儿的相似之处，真的很让人震惊。上一次，就是持续了很长时间的那次，结果可不太好，不信问问勒德分子们[1]。

对勒德分子致以同情

最早的勒德分子的故事要比现在这个词的衍生义有启

---

1 the Luddites，勒德分子是19世纪英国工业革命时期因为机器代替人力而失业的技术工人，现引申为持有反机械化及反自动化观点的人。——译注

发得多。勒德分子不是因为讨厌改变才反对新技术的人，他们是经历了被机器取代并决定反击的熟练工人。

反击始于19世纪早期的英国，源于正经历工业革命的纺织业。当时，布料真的很贵很难纺，大部分人只买得起一两身衣服。纺织需要很多特殊步骤，大部分是由熟练匠人在家或小作坊里完成的。女人们会把羊毛或者棉花纺成线，男人们则用手织机把线织成粗布，接着由被称为修剪工的工人用40磅重的大剪刀修剪掉粗布的线头。

按照当时的生活标准，很多会纺织的人都过得很不错，同时他们还享有给自己打工的自由。当时的纺织工人会戴着一顶上面插了一张5磅纸币的帽子走进酒吧，这就是炫耀性消费（conspicuous consumption，这种现象出现的时间比这个词的发明还要早上一百年）。工匠们甚至有一个名为"神圣周一"的传统，基本上就是指周日喝大了，然后周一不工作。

工作收入高也是他们衰落的部分原因。如果你身为一名工人，做工收入很高当然很棒。但如果你是一个要给所有纺线、织布、修剪的工人付钱的布料商，那你总会在某个时候开始思考：一定会有更便宜的方法吧。当时的英国，人们开始制造新机器来做各种各样的事情。有人发明了能把纤维纺成线的机器；有人想出了能用更少工人把线织成布的机器；还有个发明家找到了一种方法来修剪布料，以后不再需要修剪工和他们40磅重的大剪刀了。

有点像是今天的硅谷（Silicon Valley），当时全是这种创新。大家都在发财，大家都在做生意。举个长袜的例子。长袜当年可火了（在脑子里想一下美国国父们的肖像，然后把镜头拉到他们的小腿上：都穿着长袜）。一则当地传说写道："英国乡村有个名叫罗珀（Roper）的工人攒了一台'简陋又满是毛病'的原型机，能制作带菱格纹的长袜。当地一个想做长袜生意的农民把一匹马卖出5英镑，用这钱从罗珀手里买来了机器。"农民去世的时候已是富翁，但没有资料记载罗珀对这次交易的感想。

这真是史上第一次，工人们所面临的技术变革是以如此巨大的规模和深入的程度进行着。今天我们认为改变是持续的，有些工作（比如铁匠、电话接线员、旅行代理）就是会消失。但当时的世界可不是这样的。两代人之间，事情不会有如此剧烈的变化。早些时候，英国法律的确会限制那些威胁到工人的机器。对这些新机器放行是英国政府后来的决定。对于当时的熟练工人来说，这看起来是个糟糕的决定。

纺织工人们认为自己可以通过发起某种针对机器的地下战争，以迫使政府做出另外的决定。1811年，报纸上、乡村集市的告示墙上，以及机器所有者的信箱里开始出现神秘的信件。下面就是一封（提示一下，信中的"框剪机"［shearing frames］就是取代了大剪刀修剪工们的机器）：

> 约克郡希尔恩德（Hill End Yorkshire）框剪机所有者史密斯先生收
>
> 兹听闻汝持有恶物框剪机，故吾受同袍所托致函，敬告汝将其处置……若下周末之前尚未处置，将遣一手下，并携三百人往而毁之，且因汝之故吾等长途奔袭，还将焚汝宅为白地，若胆敢反击，则击而杀之，焚而毁之……
>
> 修复者大军将军
>
> 奈德·勒德（Ned Ludd）

昵称奈德的爱德华·勒德（Edward Ludd）是勒德分子的创始人，据说他藏身在诺丁汉郡的舍伍德森林里（Sherwood Forest，Nottinghamshire），就像罗宾汉一样。

和罗宾汉的另一个共同点在于,奈德·勒德也是个传说。在他之前几十年,貌似有一个同名的长袜织工,后来他发了疯,砸坏某个织袜子的设备。总之,这是某个报社编辑的说法。但奈德将军这个修复者大军的领袖,是臆造出来的,有人编造了这个角色,然后传说流传开了。

人们之前也写信给工厂主去抱怨和威胁,甚至偶尔还会袭击工厂。但出于某种原因,任命一个不存在的将军改变了一切。奈德·勒德的出现让事态严峻了不少。至此不仅是一小拨不满的工人,而是有了一支被称为勒德分子的秘密军队在英国全境串联。

勒德分子们不是反技术的邪教成员,也不是返璞归真的嬉皮士的原型,他们只想要除掉抢走自己工作的机器而已。1811年春天,他们开始在诺丁汉郡暴力摧毁机器。一连很多个星期,几乎每一个晚上,一队全副武装的长袜织工都会走出家门,用斧头和长柄大锤破开工厂大门,砸毁当时已经被用来织袜子的木头机器。

几个月内,奈德·勒德已经无所不在。某个工厂主走在街头的时候,孩子们逗弄他。"我是奈德·勒德!""我才是奈德·勒德!"某个政府官员接到自称是奈德·勒德律师的人写来的信,宣称在勒德法庭上对他提起了诉讼。

人们在酒吧里传唱关于勒德的歌谣：

> 别再嚎罗宾汉的老调
> 他的功绩我看不够瞧
> 我高唱勒德将军的妙
> 他可是诺丁汉的骄傲

勒德烧毁了一座棉纺厂，砸毁纺羊毛的机器。当时发生了几十上百起类似袭击，而且还在不断扩散。

此时距离法国革命仅过了几十年，英国官方吓坏了。1812年，议会通过了一项新法案，规定摧毁机器最高可判死刑。诗人拜伦勋爵（Byron，1788—1824）另一个少有人知的职业是议会议员。他作为议员的首次发言就是对这项法案发表意见。关于勒德分子的行为，拜伦说：

> ……源自空前绝后的困苦……只能是绝对的贫穷能让大量曾经正直勤奋的人铤而走险，做出对自己、对家庭和社会伤害巨大的极端行为……
>
> 他们是愿意劳作的人，但工具握在他人之手；他们不因乞讨而惭愧，但没人施舍。他们赖以维生的手

第九章 通过消灭工作致富

段已被摧毁，所有其他工作也都各有其主，因此他们的极端行为,无论如何谴责,都不应该被视作意外……

且不看法案明显的不公和必然的低效,现有法律里的死刑难道还不够吗？刑法典里的鲜血还不够,还要泼洒更多好让死者去天堂控诉吗？……这些真是饥饿且绝望的人民的救星吗？

是的，大人物们决定了。绞刑就是饥饿且绝望的人民的救星。作为紧急措施，议会迅速通过了法案。但袭击不过是愈演愈烈。

4月11日晚上，约一百名勒德分子聚集在英国北部的哈德斯菲尔德镇外。其中很多人是修剪工，也就是拿着大剪刀修剪羊毛布料毛边的人，他们聚集的目的是进攻一所位于镇子边缘的工厂。在前往工厂的途中，更多人加入了他们，渐渐聚集了约一百五十个人。他们手持任何能找到的武器：枪、锤子、斧子。有人甚至只有石头。他们不是冲着工厂主威廉·卡特赖特（William Cartwright）去的，他们只想去毁掉他的机器，毁掉那些偷走他们工作的机器。

卡特赖特刚开始使用框剪机，但机器正在逐渐取代修剪工。上个月，勒德分子们摧毁了一车皮要运往卡特赖特工厂的新机器，随后卡特赖特就已经准备好面对前者的直接进攻了。

他开始带着四名士兵和五个工人在工厂过夜。士兵们驻扎在楼上，可以俯在石墙后面射击进攻的人。凯特赖特用铁钉铁条加固了工厂大门，并在楼梯顶上放了一大桶硫酸，如果袭击者攻破了大门，硫酸就朝他们临头倾下。工厂院子外的一道门外则安排两名哨兵来回巡逻。

刚过午夜，勒德分子们抵达工厂。他们逮住哨兵，用斧子劈开院子大门。工厂内部，一只狗狂吠起来。凯特赖特惊醒过来并叫起了守卫，后者从二楼开始射击。手持长柄大锤和斧子的勒德分子们试图砸毁厂房大门，但没能成功。他们退了回去，然后再次发起进攻。他们从窗户往里射击，但没能打中里面的人。两个勒德分子被守卫击毙。

慢慢地，勒德分子们撤退了。战斗结束，勒德分子们输了。

好几百名民众出席了其中一位死者的丧礼（另一位死者秘密下葬，以避免公共悼念）。更多的士兵被派往该地区，但过了很久都没有举行审判。因为几个月来都没人供出参加这次攻击的人。其他城镇里，攻击还在继续。一个声称恨不得策马踏得勒德分子血流成河的工厂主在街头被射杀。

最终，政府开始抓人了。约六十名勒德分子被关进一座位于某个城堡里的监狱。接着是快速审判，十四名勒德分子被判死刑，包括八名袭击了卡特赖特工厂的人。绞刑架被搭得是正常的两倍高，好让更多人能看见判了死刑的勒德分子被绞死。

奈德·勒德继续在各处冒头，这还持续了一阵子。但这基本就是勒德分子们的结局了。我们接到的最后一封信写于1817年，这是一封宣告世界末日的简短信函，声称一场巨大的高潮就在跟前："世事终有定局，能掌控最后结果的要么是勒德分子要么是军队。"

然而并没有巨大的高潮，就是军队掌控了局面而已。勒德分子们消失了。仅过了几十年，便再没有人用手来纺线织布并修剪线头了。纺织工人们拥有神圣周一和帽子上插着5英镑纸币泡吧的世界一去不返。

跨越历史向勒德分子们喊话的冲动难以抑制："相信我，机器会让世界变得美好得多。你们的后代将会衣食无忧，还能休假，甚至在满18岁之前几乎不用工作。每个人都更富有了，每个人都有更多的钱。"

但对于勒德分子们来说，情况没有变得更好，甚至对他们的儿女来说，也都没有变得更好。19世纪的整个前半段，即使英国打造出地球上第一个现代工业经济体，生产力一飞冲天，但工人们的平均工资几乎没有变化。工厂主发了财，善于修建工厂或者修理机器的工人过得相当不错，但对于工作能被机器取代的熟练工人来说这是一个糟糕的时代。砸毁机器的勒德分子们不是失心疯了。他们没有投票权，也不能组建工会，因此他们通过砸毁机器来争取自己的经济利益。一名历史学家将其称为"通过暴乱进行的集体谈判"。

我们正生活在第二个机器时代中，现在换成了电脑和软件，而不是纺织机。但某些同样的事儿重演了。人们在讨论仅占1%的富人群体，讨论普通人的收入为何停滞不前，其部分原因正是技术变革。

传统经济学家们对此的反应是：这些问题只是暂时的。技术意味着从长远来看，每个人都能有更多钱。但如果说勒德分子教会了我们一件事的话，那就是所谓的"长远"，可能会是很长、很远。

第四部分

人造的金本位制度与危机

生产力一飞冲天、勒德分子一败涂地的世界也是国际金本位制度诞生的世界。这不是巧合。

今天我们身处的世界,是货币由政府发行且其没有任何价值支撑的世界,这个世界诞生于金本位制度几乎摧毁全球经济的时候。这同样不是巧合。

第十章

金本位制度：一个爱情故事

金是一种元素，有79个质子。金元素是中子星相互撞击产生的。黄金在人类出现之前已经存在了几十亿年，还会在人类灭绝后继续存在几十亿年。黄金不是虚构的，不是臆造的，不是编出来的。

黄金作为金钱的梦想源于此：它是天然的、实实在在的、永恒的金钱，不会被人类愚蠢沾染的金钱，政府无法管控的金钱。19世纪，当对自由市场的信仰在西方世界扩散的时候，政治家、银行家和知识分子都爱上了金本位制度。他们梦想着黄金能作为金钱，在全世界如同水一样自然流动。

这个梦的结局不太好。

这要从18世纪那位怀疑一切的苏格兰人大卫·休谟（David Hume，1711—1776）开始，他是当时骇人听闻的无神论者，也是哲学家和历史学家，提出过相当多关于世事的正确见解。他提出的货币模型深深刻进那些管理世界并热爱金本位制度之人的脑子里。因为自己的宗教观点，休谟被视为异教徒（the Great Infidel），但由他创立的对金钱的信仰则流传了好几代。

休谟登场的时候，各个国家还是这样理解金钱和财富的：黄金（以及白银）就是财富。所以要想国家富裕，就要尽可能多地囤积黄金。方法是坚持贸易顺差，比起从其他国家购入货物，要卖更多的货物给对方。这样一来，进来的黄金就会比流出的多。钱堆就会越来越大，也就会越来越富有。要想实现目标，应该限制进口（设置配额）或者收高额的税（关税）。要是这听起来耳熟，那是因为某些现代政治家正是这样谈论贸易的。

但休谟指出，这全错了。

休谟用一个思维实验来证明自己的观点。比如英国的黄金和白银储备在一夜之间消失了五分之四。唰一声就没了！然后呢？农民还是会继续种小麦，工人会继续织布挖煤。现在，因为金银罕有，每一块金银（也就是每一个硬币）的价值都是从前的4倍。如果以前需要花4个银币买1蒲式耳小麦或者支付工人一周的工资，现在只需1个银币了。

在英国境内，相比之前没什么变化：一周的工资还能买到1蒲式耳的小麦。但在世界上的其他地方，来自英国的货物突然变得超级便宜。西班牙人和法国人蜂拥而来抢购英国小麦。现在小麦流出了英国，而英国国内白银堆积成山。休谟写道："需要多短的时间就会赚回我们失去的钱，并把我们的价格恢复到同邻国一样的水平呢？"

反之亦然，要是英国的金银储备突然翻了4倍，价格会随之上涨。英国消费者会去抢购来自法国和西班牙的便宜货，金银又会流出英国。

无论哪种情况，价格和贸易都会自动恢复平衡，回到被休谟称为"自然的正常轨道"上。一个国家囤积金银，就和让海洋的一边比另一边高一样蠢，休谟说道。"所有的水，不管流去哪里，都处在同一水平面上。"

休谟说，比起囤积黄金，国家应该营造条件让人们好好工作，创造价值。关税和配额在休谟看来，"毫无作用，只能限制住工业，劫掠我们和邻国所共有的、源自艺术和自然的益处"。

休谟在名为《政治论》（Political Discourses）的书中表达了自己的观点。同时，他明显影响到了自己的挚友亚当·斯密，后者将休谟关于货币和贸易的观点称为"别出心裁"。1776年，亚当·斯密出版了《国富论》（An Inquiry Into the Nature and Causes of the Wealth of Nations）一书。这标志着现代经济学的诞生，同时它也是一本很"休谟"的书。一个国家不会因为收取关税"累积金银"而富裕，亚当·斯密写道，"在每个国家，人民整体的利益总是也必须是能从售价最便宜的人那里购买到任意所需的商品"。

亚当·斯密倾向自由贸易的观点正是那些因贸易发财的商人和银行家喜闻乐见的。在亚当·斯密写下这些内容之后的几十年内，他们推动英国降低或取消了很多关税，防止累积金银。

与此同时，英国的另一个变化会帮亚当·斯密的自由贸易理论攻占全球大部分地方，也会给休谟关于货币的观点带来前所未有的重视。议会改变了货币的定义，无意之间，它创造了国际金本位制度。

反对黄金

和很多国家一样，英国长久以来一直致力于打造一种基于金银的货币。也和很多国家一样，它一直没法搞清楚金银币的价值。在英国这里，官方对银币价值的核定要低于它们作为金属的价值，因此，如同约翰·劳生活的时期，人们一直熔掉银币铸成银锭，将其作为金属卖到欧洲大陆。

到了1816年，议会终于放弃挣扎。他们宣布1英镑从此就相当于123格令黄金，没别的了（格令是古代的重量单位，源自一颗谷粒的重量，1金衡盎司相当于480格令）。当时没人意识到，但国际金本位制度的时代就此开始了。

当时英国是全世界最重要的经济体，而伦敦则是金融宇宙的中心。很多国家长期以来一直苦于找准本国货币同金银的正确比例，因此一个接一个地，这些国家也都放弃了白银。到了19世纪末，全球所有大型经济体实际上都已经采用了金本位制度。在美国，年复一年的，20.67美元都能换来1盎司黄金，1盎司黄金能换到20.67美元。这就和1小时等于60分钟、60分钟等于1小时一样基础和稳定。

世界上每个大型经济体都采用金本位制度解决了不少经济问题。国际贸易更方便了。因为每个国家的货币都能够以固定汇率换成黄金，不同货币之间的汇率也就固定了（总是 4.87 美元换 1 英镑）。国际金本位制度的核心就相当于有着一种单一国际货币。和蒸汽船、铁路、电报等新技术一起，金本位制度帮助推动了全球化的第一波高潮。美国和阿根廷等国家的居民因为对欧洲出售货物而致富，欧洲人则通过对美国和阿根廷等国家投资而发财。特别是在英国，关税降低了。黄金像水一样流进流出。亚当·斯密和休谟的梦想成真了。这怎么可能出问题呢？

* * *

19 世纪后半段，随着一个又一个国家加入国际金本位制度，世界经济的增长速度超过了世界黄金的供应速度。人们想买的东西的数量之增长速度超过了能够用来买东西的黄金之增长速度。结果就是对黄金的需求增加，黄金变得越来越贵。在金本位制度下，当黄金变得越来越贵，其他东西的价格都要下跌。

在休谟的思维实验里，哪里的黄金一夜消失，哪里的所有东西的价格就下跌，而国内的一切其实没有变，因为相对价格还是一样的。工人工资下降的幅度和商品价格下降的幅度一样，每个人还能买得起同样的东西。但休谟在自己过于完美而无法成真的思维实验里，基本忽略了货币的另一个核心功能：债务。

如果我今天借了1000英镑，明天我的工资和所有必需品价格都减半，那我就完蛋了。现在必须付出双倍的时间工作才能还上每个月的债务！另一方面，要是我没有欠债，价格下跌的时候银行里还存着1000英镑，那我可太兴奋了：比起昨天，现在我能购买的东西的数量翻了一番。通货紧缩对欠债的人来说很糟糕，对债权人而言却很棒。

当美国在1873年从金银体系转向金本位体系后，物品价格连续下跌了二十年。这对有钱人来说非常有利，他们的钱能买到的东西越来越多。但对于欠钱的穷人来说可糟透了，他们被迫做越来越多的工作，只为了还上每个月的债务。结果就是，一场关于什么才是金钱的争端在美国爆发了。

经常借钱购买土地的农民被金本位制度以及随之而来的价格下跌害惨了。有的人支持号召政府印制不用贵金属支撑的（绿色）纸币的绿币党（Greenback Party），美国内战期间政府曾经短暂地这么做过。但这是一个激进的提议（不能用来兑换金银的纸币当时依然让人觉得荒谬），从来没有被执行过。

因此有些农民开始要求美国回到老路上，即回到政府随时愿意用金银回购纸币的时候。那时候，任何人都可以拿着未经处理的金银去美国铸币厂换回硬币。把白银加回去，意味着很容易就能有更多的钱。这也会导致价格上涨，进而让农民们更容易还上债务。

有个情况总是伴随着金钱出现：任何时候，只要流通中的金钱看起来就是它本应该有的样子，那其他东西就会像是毫无责任感的疯子。在金本位身上，这个短视的情况达到巅峰，人们已经相信金本位显然就是唯一的、天然的货币制度。每个文明国家都采用了金本位制度，谁还会想要用另外的货币体系呢？

到了19世纪90年代，几乎所有的共和党人和民主党人都同意美国应该坚持金本位制度，农民们的呼喊几乎无人在意。

这一切在1896年7月9日改变了（至少对于民主党人来说是变了）。当时民主党人在芝加哥举行集会，推选总统候选人。当天上午,一名36岁的前国会议员,威廉·詹宁斯·布莱恩(William Jennings Bryan)从位子上站起来,走上了讲台。他即将发表总统竞选史上最著名的讲话,并发起一场事关金钱意义的总统选举。

布莱恩是一名著名的演说家:他在全国进行收费巡讲,而且他看起来也就是一个演说家的样子。当时的一份报纸这样描写他:"他坚定的、肩膀宽宽的样子占据了人们的目光,也让人感到满意。他的脸,因为浓黑的双眉和硬朗的线条,远远就能看清其上的表情。"考虑到他即将在一块比橄榄球场还大的地方对着2万人讲话,还没有麦克风,那关于布莱恩还有一件并非微不足道的事实值得一提:他的声音真的很大。他的妻子表示自己曾经坐在酒店房间里也能清楚听到丈夫的声音,而后者当时正在三个街区以外演讲。

当天在芝加哥,面对着一个四分五裂的政党,布莱恩开始直接向观众里的一群人喊话,这群人想要让美国保持金本位制度。

> 当你们来到我们面前,声称我们将会扰乱你们的商业利益时,我们想要说是你们的行动影响了我们的

第十章 金本位制度:一个爱情故事 131

商业利益。我们想对你们说,你们对商人的定义过于狭隘了。那些为工资工作的人和他的雇主一样也是商人……那些日出而作日落而息的农民和那些在交易所为谷物价格下注的人一样,也是商人。矿工深入地底1000英尺,把贵金属从藏身之处掘出,他们和那些身处暗室垄断全世界金钱的少数金融巨头一样,也是商人。我们要为这一群人数更多的商人发声。

在自己的回忆录里,布莱恩说金本位对商业有害是该演讲最重要的部分,前提是要宽泛地定义商业。但没人记得这部分的演讲,因为这个演讲并没有一个真正的主题。它是一份开战宣言和一份布道词的混合体。而随着他的角色从政治辩论选手变成激进好斗的传道者,布莱恩的听众也变了。他不再继续说服金本位的支持者,转而开始动员金银复本位的支持者。

我们是在为自己的家园、家人和子孙后代战斗。我们曾经申述过,但申述遭到了驳斥。我们也曾请求过,但请求却被无视。我们还曾乞讨过,他们目睹我们的灾厄还大肆嘲笑。我们不要再乞讨了,不要再请求了，不要再申述了。我们要对抗！……

如果他们胆敢公开出来为金本位辩护，称它是个好东西，那我们将会抗争到底，我们背后是全国乃至世界的生产者大众……面对他们要求的金本位制度，我们将予以这样的回答，告诉他们，你们不能在劳工的头上扣下这一顶荆棘编成的王冠。你们不能把人类钉在黄金的十字架上！

当他说出最后这句话的时候，布莱恩往后退了一步，伸开双臂，像是他被钉在了十字架上，然后他站在那里，一言不发，站了好几秒。这是个大胆的做法，不知道会对在场的观众们造成什么样的印象。

但结果非常好。当布莱恩走下讲台进入人群的时候，一名记者写道，"每个人都好像瞬间疯了"。人们大喊起来，挥舞着雨伞，并把帽子扔向了大厅的另一头。两个乐队开始演奏两首不同的歌曲。老人们流泪了，一个农民敲打着自己的椅子大吼，"上帝啊！上帝啊！上帝啊！"人群把布莱恩扛在肩上绕场游行。其他几十个西部和南部的州代表团举着他们的横幅站到了布莱恩所属的内布拉斯加代表团旁边。第二天，他们选出布莱恩作为民主党总统候选人。

威廉·麦金莱（William McKinley）不为所动。麦金莱是当时的共和党总统候选人，他当年的做法是在自家俄亥俄州房前的走廊上发表讲话。在布莱恩获得提名的第二天，也就是"黄金十字架"演说发表两天后，麦金莱站在走廊里的一把椅子上，对着一群来看他的共和党人发表了自己的演讲：

> 我的同胞们，近来的事件已经为这个国家的爱国者们带来一种自内战以来，远高于其他任何责任的重任。当时是为了保护美利坚政府而奋斗，现在则是为了保护政府的金融荣誉而奋斗……
>
> 我们的信条是拥抱清白的美元，拥抱无瑕的国家信用……在此之上我们方能立足，并将其交由美国人民的清醒周全去自行判断。

和布莱恩一样，麦金莱也更多地诉诸道德而不是提出具体的经济方针。但和布莱恩口中的受（黄金）压迫和得（白银）解放相比，麦金莱的准则是"义务""责任"和"荣誉"。任何一个具备"清醒而周全的判断"的人都会选择金本位制度下的"清白美元"，而不是去选择白银支撑的不干不净的美元。

如果说金本位导致价格下跌,伤害到了借款人,那这里的道德逻辑是,这对存钱的人来说是好的(让他们的钱更值钱了)。这奖励了节俭的美德,惩罚了那些过着入不敷出的生活,不得不举债度日的懒人。

每个人都记住了布莱恩的"黄金十字架"演讲,没人记得麦金莱口中的"清醒而周全的判断"的演讲。但是布莱恩在大选里输给了麦金莱。美国人把选票投给了麦金莱的那个充满渴望和成功的美国,而不是布莱恩的那个满是恐怖、寻求解脱的、如同出自《圣经》描述的美国。

那一年,克朗代克地区[1]发现了新的金矿。同时,人们发现了把黄金从矿石中提炼出来的更好方法。现在,黄金供应速度超过世界经济增长,价格开始上涨了。在金本位制度下,全球的基本货币供应不是由经济需求或者政治命令决定,而仅仅是看今年矿工们碰巧从地里挖了多少黄金出来。如果挖出很多,那货币就很多,价格会上涨;如果没多少,价格就下跌。这是一种奇怪的管理货币的方式。

1900年,麦金莱签署了金本位法案(Gold Standard

---

[1] Klondike,位于加拿大境内育空河流域。——译注

Act），将已运行了一代人、实际上已经明确的制度正式化：美国就是一个金本位国家。当年麦金莱谋求连任的时候（还是对阵布莱恩），他的一幅竞选海报上画的是麦金莱站在一枚金币上，身边写着"商业""文明"这两个词。多含蓄啊！麦金莱以及金本位制度，再次获得了胜利。

货币幻觉

欧文·费雪（Irving Fisher，1867—1947）是一名耶鲁大学的经济学家，同时也是倡导健康饮食的狂热分子、禁酒主义者以及用健身设备塞满了纽黑文（New Haven）自家豪宅的一整层的健身大师。他与人合著了一本名为《如何生活：基于现代科学的健康生活法则》（*How to Live: Rules for Healthful Living Based on Modern Science*）的书，售出了50万本，费雪把卖书所得的版税捐给了自己创立的组织生命延长所（the Life Extension Institute）。

他发明了一个卡片归档系统来管理自己的所有项目，为其申请了专利，并成立了一个名为"索引清晰"（Index

Visible）的公司来售卖这套系统，然后通过与另一家更大的公司合并，赚了大钱。费雪是优生学的支持者。当时优生学非常流行，但在今天看来这显然是令人厌恶且不道德的。他还不止一次倡议过一种包含十三个月的日历，一种简化的拼写体系，以及一种新的地图绘制系统。说了这么多就是为了证明他是一个不仅想要理解世界同时也想要改变世界的人。

1896年总统大选时，费雪还是个年轻教授，和当时美国所有的经济学家一样，他也反对布莱恩。他相信那些支持金本位的人具有道德正义，但他还有一个在智识上更缜密的理由去相信金本位制度。

布莱恩获得总统候选人提名后的一个月，费雪出版了一本名为《感恩和利息》（*Appreciation and Interest*）的书。他认为当人们预期价格会上涨的时候，债权人会收取更高的利息来补偿自己；而当人们预期价格会下跌的时候，利率也会走低（举例说明，我如果想要以年息5%的利率将钱借给你，同时我预计通货膨胀率是2%，那我收取的利率会是7%；如果我认为价格会下跌1%，那我收取的利率是4%）。

结果就是，人们支付的实际利率（也就是考虑了预期的通胀或者通缩之后的利率）不会随着价格涨跌变化。换句话说，费雪认为，金本位制度下的价格稳定下跌并不重要。如果价格不降反升的话，所有抱怨债务的农民也会支付更高的利息。最后，无论白银是不是货币，他们偿还债务所需的工作总量会保持一致。

但接下来的几年里，费雪更详细地审视了相关数据。之后他做了一件著名的经济学家们几乎从来不会做的事儿（或者说，是人就不会做的事儿）：他承认自己错了。

不同于自己的模型，费雪看到在真实世界里，利率并不会紧跟着预期的通胀和通缩上涨或下跌。后来他写道，1896年的时候"自己还不懂不稳定货币的恶，也不知道对于商人来说，仅凭预期来防备不稳定货币的恶果是完全不可能的"。

费雪变得执迷于探寻美元因价值改变而搞乱人们生活的原因，还一心想搞清楚解决这个问题的方法。在索引卡片公司，他把自己的经济理论用到实处，将雇员的工资同通胀和通缩挂了钩。当价格上涨，工资也涨，要是价格下跌，工资也跌。雇员们因为通胀和通缩调整的那部分工资是固定的（普通涨薪则是单独处理的）。真合理啊！

"只要生活成本在涨，'索引清晰'公司的员工们就喜迎鼓胀起来的'高生活成本'工资袋。他们觉得自己的工资涨了，尽管很仔细地向他们解释过真实工资其实没有变化。但一旦生活成本降低，他们就会厌恶'被克扣工资'。"费雪写道。

费雪就这类思维误区写了一本名叫《货币幻觉》(*The Money Illusion*)的书。我们觉得今天的1美元和一年前的1美元一样，其实并不是这样，这就那个所谓的幻觉。

假如我在1975年花10万美元买了一栋房子，并在2020年以40万美元的价格售出，感觉像是大赚特赚了，但其实这笔交易是亏钱的。2020年40万美元的购买力比不上1975年的10万美元。

美国票房最高的电影不是《星球大战：原力觉醒》，它在2015到2016年间获得了超9亿美元的票房，但票房最高的其实是《乱世佳人》，数字是1939年的2亿美元（因为1939年的2亿美元的购买力要远高于2016年的9亿美元）。

如果我的工资降了1%，而价格跌了2%，我其实相当于涨薪了。比起从前，现在的工资能买到的东西更多。

但当然没人会这么想。

货币幻觉在金本位制度之下尤其坚挺。确实，金本位制度从某个角度来看就是建立在这个幻觉上的。金本位的全部意义就在于1美元的价值不会变，对吗？1美元就是同样数量的黄金，年年如此。这个概念把费雪搞疯了。

"如今我们的美元不过就是一坨固定重量的黄金，一个重量单位，但却装扮成了价值的单位……保证我们的美元永远保持一样的价值对我们有什么好处呢？这个保证能帮我们哪怕只是应对当下生活的高成本吗？我们真正想知道的其实是美元的购买力是不是一直保持不变。"

费雪写道："我们顽强地抱紧这个天堂般的假设：美元永不变化。如同巴纳姆[1]说过的，我们似乎不仅是被骗了，还是自己骗自己。"

哪怕人们看穿了金钱带来的幻觉，费雪意识到，美元在价值上的波动也没人能够预测。

当价格大范围涨跌的时候，这些无法预测的波动武断地在债权人和借款人之间转移了巨额的金钱。这不仅仅是不公平的问题了，它对于经济来说非常糟糕。任何完美的生意：一个运行完美的农场、一所最诚信的银行、一家最

---

1 Barnum，著名马戏团巴纳姆和贝利马戏团（Barnum & Bailey Circus）创始人之一。——译注

高效的工厂，都可能因为运气不好，身处通胀或通缩的错误一方而垮掉。对于费雪来说，价值年年都有着无法预测的波动的美元，就像年年都在改变时长的一分钟一样荒谬和过时。

费雪想到的解决方式平淡无奇：重新定义货币的意义。与其把1美元定义为固定重量的黄金，应该把它定义为固定的一篮子东西。"我们期望1美元要能够永远买得到同样总数的面包、黄油、牛肉、培根、豆子、糖、布料、燃料，以及其他我们用美元购买的必需品。"费雪写道。他的想法很高明，并且非常接近今天美元的运行方式。

但从金本位的美元转换到费雪的新式稳定美元很复杂。正如他很久以后写的，如果他直接站出来建议斩断美元和黄金的关系，那自己"很可能会被嘘"。所以费雪提出了一个过分复杂、不可能执行的方法，其中包括了频繁更替美元对应的黄金重量，以便使所有东西的价格保持不变的建议。如果价格上涨，政府会把美元重新定义为稍微少一点的黄金，这会让价格降回来；反之亦然。这是一种假的金本位制度。

费雪不愧是费雪，他在任何可能的地方推销自己的想法。同时，费雪依然是费雪，他记录了所有的推销尝试：

"99个地址,还有37封写给媒体的信,161篇专门的文章,以及9次由政府机构举行的听证会和12份自费私印的传单,还有13本关于这个话题的书。"他创办了一个"稳定货币联盟"(Stable Money League)来推广自己的政策,在1920年的新年前夜,费雪和其他几个全心信仰稳定货币的人去了华盛顿纪念碑,他写道,在那里,"我们怀着献身这一新运动的决心跨入了新年"。

当时人们不像我们今天这样讨论通货膨胀。他们会讨论生活的高成本,但通常以一种模糊的、定性的方式进行。他们会意识到某些商品的价格在上涨,但不是在集中、可量化的价格层面上。因此费雪花费数年分析了计算价格指数的不同方法。他甚至还成立了一家公司把这些指数卖给报纸,后者也开始每周刊登这些指数了。

接着他使出一招天才的宣传手段。费雪知道人们认为美元是稳定的,而价格会变化,他想说服大家大规模的价格变化意味着美元本身的价值也在变化。但比起出版"价格指数",他出版了"购买力指数"。比起宣称"上周价格涨了",费雪的指数会说"美元的购买力跌了"。从数学上来说,这不过是换种方式说同样的内容。但这个变化非常关键。

费雪写道:"我已经意识到大家不会对稳定美元感兴趣,除非他们亲眼看到美元是不稳定的。每个周一早上,美元购买力指数让几百万人有机会看到美元每周的变化。"如果想要人们支持自己的运动,费雪意识到首先必须改变他们对金钱的看法。

在20世纪20年代的繁荣时期,费雪高价卖掉了自己的索引卡片公司,然后把这笔巨款投进了繁荣的股票市场,盯着它不断升值。他把钱花在了自己的执念上,包括每年花2万美元宣传稳定货币,以及雇佣一名全职的私人教练兼医生。这名医生发明了一种排球的变体运动项目,被费雪称为"战球"(battle ball)。费雪"有一块位于玫瑰园背后的水泥场地,上午和下午的运动中,他竟把自己的雇员训练得气喘吁吁",他的儿子后来写道。

费雪是一名快乐的战士。他相信自己和其他科学家正要想出解决世界各种问题的方法。他自信当时的新技术(广播、大规模生产的消费品)以及新的、更好的管理方式是股市繁荣的原因。

在1929年10月15日的一场演讲上,费雪说股市到达了"一个永久的高位"。他的宣言被刊登在了第二天的《纽约时报》上:"费雪认为股市处于永久高位。"他发言的时机太微妙了。两周以后，股市崩溃了。

今天费雪被记住，是由于他就股市发表了大错特错的宣言。但他关于金钱的理解是对的。1929年的股市崩溃很糟糕（显而易见），但这次崩溃并不足够以一己之力导致大萧条（the Great Depression）。把这次崩溃变成全球灾难的是金本位制度和它固有的不稳定性。

公平地说，也不是金本位制度以一己之力破坏了整个世界。位于货币体系核心位置的强大机构也助力了崩溃，这些机构将自己视为金本位的守护者，它们就是中央银行。在美国，它就是联邦储备体系[1]。

---

[1] Federal Reserve System，常被称为美联储。——译注

第十一章

一场关于是否需要中央银行的百年争论

美联储是当今世界上最强大的机构之一。它能凭空变出数以万亿计的美元,几乎能影响到地球上任何地方的每个要用钱的人。

但当1929年股市崩溃的时候,美联储刚成立不到二十年。它是个奇奇怪怪的中央银行,一开始甚至没人想称它为中央银行,因为美国刚花了一百年来争论到底需不需要一个中央银行。

有关这场争论的故事也能搞清楚要如何在一个民主体制里执行货币政策。政府应该做些什么,什么要留给自由市场?谁能赚钱,谁会被兜底救助?以及也许是最重要的问题:谁能够印钱?

这个故事始于美联储成立前的一个世纪，当时美国第二有权力的人（一个银行家）和美国最有权力的人（总统本人）就一个当时没人意识到它是中央银行的中央银行开战了。

这名银行家是尼古拉斯·比德尔（Nicholas Biddle，1786—1844）。他是一名来自费城（Philadelphia）的少年天才，1801年，年仅15岁的比德尔以第一名的成绩从普林斯顿大学毕业。和很多从大学毕业后却不知道做什么工作的人一样，他当了一名律师，并恨死了自己的工作。他在一封信里写道，他目睹自己的生活堕落到了"为卖淫者和不幸的必输案子打官司，然后像一朵蘑菇一样死在曾经看着我生长的泥土上"。他还有几项副业：他运营着一本文学杂志，并为"刘易斯和克拉克远征"的主角之一威廉·克拉克（William Clark）编辑日记。

比德尔24岁的时候，被选入宾夕法尼亚州的立法机构。19世纪初期，为银行业和货币政策吵架是全美国的消遣（当时还没有发明棒球），比德尔纵身跃入了战场。

政府印钱的想法太可笑了，简直不值得讨论。在美国独立战争（American Revolution）期间，大陆会议（Continental Congress）印纸币来支付战争开销，然后越印越多，越印越多，很快这些纸币就一文不值了。纸币的公认靠谱来源是州政府颁发了印钞许可的那些私人银行。每家银行都印制了自己的纸币，银行客户能使用银行发行的纸币随意兑换黄金或者白银。人人都觉得这样没问题。

而争论，这场在美国永无止境的关于权力和金钱的争论，是关于国会是否应该允许创立一个单一的国家银行。当然，有它会很方便。这家银行可以发行供人们在全国范围内使用的纸币，政府也可以通过这家银行方便实现金钱在不同州之间的转移。但单一的国家银行同样可能是高度集中在私人手中的巨大权力，同时还有人争论宪法到底允不允许一家国家银行的存在（宪法之父詹姆斯·麦迪逊似乎在这个问题上来回动摇）。

国会设立了一家国家银行，二十年后又关掉了，然后又设立了第二家国家银行。非常合乎情理的，这家银行的名字就是：美国第二银行（the Second Bank of the United States）。第二银行的开局不太顺利，具体来说，就是有一帮在银行工作的人从银行偷钱。同时，银行的政策还助推了1819年的严重金融危机。也是在当年，总统门罗（President Monroe）指派尼古拉斯·比德尔当了银行的一名高管。四年后，比德尔的高管同事们又把他选为银行行长。

要想夸大这家银行的行长之权势可不是简单的事儿。想象一下，假如在今天，美联储主席同时也是摩根大通的CEO，同时摩根大通比苹果公司、谷歌公司和埃克森美孚加起来还要大。当美国第二银行的行长就差不多是这个感觉，这是美国第二有权势的工作。对美国来说很幸运的是，比德尔真的很擅长做这份工作。

就在比德尔当上行长的时候，全国散落分布着约250家州银行。每一家州银行都会发放贷款并发行自己的纸币。和所有银行一样，这些银行有时候会失控：他们开始把越来越多的钱借给风险越来越高的借款人。当一家银行借出太多钱，或者突然有一大笔贷款成了坏账，它会发现自己无力把自家纸币兑换成黄金。当然，这对手持纸币的人来说很糟糕，对于当地整个经济来说也非常糟糕。当1美元的价值变得模糊不清，当信贷冻结，做生意就要困难太多太多了。

比德尔引领美国第二银行承担了一个新的角色。它成了州银行的监管者以及广义的银行系统的监管者，目的是防止州银行在贷款业务上的剧烈波动。他报告国会称，自己"将保证州银行处在合理的限制之内，迫使它们根据自己的能力来打造自己的业务"并将此视作是第二银行的责任。

当时政府依然接受州银行发行的纸币来支付诸如关税和土地购买等事项（那时候还没有所得税）。因为部分职责是当联邦政府的银行，第二银行允许人们在自己的支行进行这一类支付。积攒起来的州银行纸币让第二银行有实力管控住任何一家州银行，方法是拿出纸币要求对方换成黄金或者白银，不然就把州银行发放的贷款转让过来。

比德尔还利用第二银行来缓冲国际贸易中的波动，当黄金涌入美国的时候把黄金储存起来，而当黄金流出美国、州银行难以维持的时候再把黄金分发给这些银行。

他获得了毫无争议的成功。人们更信任银行了，美国终于有了一个整合在一起的金融系统，时势既繁荣又稳定。

用一家银行监管其他银行的想法，以及切实监管到一个经济体里货币流动的想法，在今天已经是众所周知、显而易见的了。美国和每一个大国都有中央银行做着同样的工作。但这个想法在理论上不是一蹴而就的，在19世纪20年代的时候也不是众所周知的。英格兰银行已经存续了一百多年，但人们依然在争论它的职责到底是什么。它只是一家私人银行吗?它对国家要负起什么样的责任?

当时,"中央银行"这个概念甚至还不存在,但比德尔超越了自己所处的时代。一位现代金融历史学家将比德尔称为"世界上第一位有自我意识的中央银行家":第一个管理着中央银行,并坚信自己的职责不仅仅是对股东的钱负责,而是对整个国家的钱负责的人。

讨厌银行的总统

1828年,正当比德尔处于权力巅峰之际,安德鲁·杰克逊(Andrew Jackson,1767—1845)当选了总统。杰克逊是比德尔的反面。

杰克逊13岁时就加入了独立战争,15岁时成了孤儿,最终成了一名拓荒者和一名将军。比德尔运营着一本文学杂志,杰克逊在决斗中杀死了对手。比德尔因为一场演讲而闻名,杰克逊因为在1812年战争中的新奥尔良战役里打败了英国人而出名。比德尔编辑了刘易斯和克拉克的日记,杰克逊在自己的时代受人敬仰却在今天因为屠杀美洲原住民而臭名昭著。比德尔学会了控制全国的纸币，杰克逊学会的却是痛恨纸币。

杰克逊18岁的时候，在田纳西州(Tennessee)买了地，并和自家大舅子一起开了家商店。一次去费城出差的时候，他把一片土地赊账卖给了一个商人，然后用欠条来给商店进货（大概相当于收了这个商人的一张个人支票，然后用它来买东西）。商人根本就没打算付钱，杰克逊被骗了，他不得不卖掉商店还债。从此之后，杰克逊就不喜欢债务或者银行以及纸币了。他理解的钱就是银币和金币，其他任何东西都是银行家为了劫掠大众而谋划的骗局。

杰克逊在1828年当选美国总统。1829年，比德尔前往白宫正式拜访总统时，杰克逊对他说，"我像讨厌其他银行一样讨厌你的银行"。

杰克逊这番话可能还说轻了。杰克逊的定位是人民的儿子，反对东海岸精英，警惕联邦权力。美国银行把这两个东西合二为一了：联邦政府授予富有的银行家们特殊权力，后者因此变得更富有了。在杰克逊看来，权力如此高度集中在一个私人企业上显然是非常不民主的，用他的话来说就是："对我们的自由很危险。"

当时，公司需经由立法者的特殊许可方可设立，并颁发有期限的执照；如果立法者不喜欢某个公司，可以通过让执照过期来关掉它。美国银行有一张1836年过期的二十年期执照。比德尔想在杰克逊连任之前更新这张执照；国会站在比德尔一边，通过了更新执照的法令。比德尔本人当时也在国会，随后还在附近举行了庆祝派对。

"他们大肆宴乐，高喊祝词，发表讲话，庆祝着胜利。煞费苦心地让喜庆的声音能传到街头，大声到能保证传到总统的耳朵里。在享受了胜利之后，比德尔先生就离开了华盛顿，甚至没有屈尊对总统进行礼节性的例行拜访。此事被视作是他的胜利，或者说，是杰克逊将军即将出手的某种预告。"杰克逊的司法部部长罗杰·塔尼（Roger Taney）后来写道。换句话说，在塔尼看来，这是比德尔在对杰克逊竖中指。

杰克逊是个好斗的人，他的反应也很典型。派对之后，他对自己的副总统说："范布伦先生（Van Buren），这家银行想要杀了我。但我会杀掉它的。"

几天之后，杰克逊否决了法令。他在国会有足够的支持来维持他的决定：银行的执照不会延期了。杰克逊赢了，比德尔输了。接下来七十多年里，美国都不会有一家中央银行了。

当美国银行的执照过期后，比德尔从宾夕法尼亚州州议会获得了一张执照，把银行更名为宾夕法尼亚美国银行（这里的"宾夕法尼亚"读起来像是一个悲伤的梗）。他短暂地幻想过要复出：获得一张新的、全国范围的执照。相反，银行在1841年的时候破产了。比德尔在三年后满怀沮丧地去世了。

1832年，杰克逊否决了对银行执照的延期，在向国会传递这个消息的时候，他还同时传达了一则高调的否决声明，他的司法部部长塔尼也参与了这则声明的撰写。声明抨击银行把权力危险地集中在了私人手里。这是个很有道理的论点！（中央银行）就是权力的高度集中，尽管比德尔是一个善良的、心怀公众的银行家，但他的继任者很可能是个坏蛋。

杰克逊还把银行称为富人的工具。"令人遗憾的是，富人和有权势的群体过于频繁地把政府法令挪为私用，当法律保证了富者更富、强者更强，农民、机械师和劳工等社会的普通成员们，既没有时间也毫无办法去为自己攫取类似的好处，他们因此有权抱怨自己政府的不公。"否决声明写道。

但他的否决并未对全部富人和银行家造成冲击，只是冲击了美国银行和这家银行的富有投资人而已。同时对于州银行和它们的富有投资人来说，这是意外之喜。因为没了美国银行的制衡，州银行如今可以肆意妄为了：发放更多的贷款，发行比以前多得多的纸币。

一个拥有 8370 种纸币的国家

19世纪40和50年代，在美国的很多地方，任何人只要愿意就可以印钱。毫无意外，很多人想要印钱。

之前，如果你打算开一家银行，你需要获得州议会颁发的特别许可。这通常意味着贿赂一半州议员（一半再多一个，如果你想确保获得执照的话）。丑闻因此大肆泛滥。

因此在1837年，就在美国银行不再是一家全国性的银行后，美国意识到自己没有一种全国性的纸币，各州开始通过法律，宣布任何遵守了特定法律的人均可以开立银行并发行自家的纸币。

法律规定，要想发行纸币，银行必须购买一些债券，并将其抵押在州银行业监管机构的手里（很多州规定，这些债券必须是政府债券，但有些州允许银行使用铁路债券，甚至抵押贷款）。银行每抵押1美元的债券，就可以印1美元的纸币，然后出借给银行的客户。任何人都能够走进这家银行，用纸币兑换银币或者金币。如果银行破产了，州监管机构可以出售银行抵押的债券，用出售的收益来回购银行发行的纸币。

这被称为自由银行体制（free banking），但也许并不意外的是，它并不一直有效。有时候债券会贬值，所以即使它们被卖掉了，也没有足够的金银来回购纸币。有时候，银行们就是不按规定来。

各州试图通过要求银行持有一定量的金银来保证它们能诚信运营，还会派出专员检查银行。在密歇根州（Michigan），银行的应对方法是在路上安插间谍。每当检查员到来时，间谍们就立马通知当地银行，银行家们会赶在检查员抵达前匆忙凑一些金子出来。1838年，一名怀着古怪诗意的州银行监管官员写道："金银如同迅捷的魔法一样在国内流动。它们的脆响回荡在森林深处，但如同风一样，没人知道它们何时会来何时离开。"有的银行展示给州检察员的，看似是一盒盒满满的金币，但实际上只是上面盖了薄薄一层金币的一大盒钉子。

不是所有的银行都是不靠谱的，甚至大部分银行都是靠谱的。但那些不靠谱银行发行的纸币看上去和靠谱同行发行的纸币一样合法合规。市面上流通着很多纸币，在某个时刻，《芝加哥论坛报》（Chicago Tribune）报道说全国共有8370种纸币在流通。这可就太荒唐了。

一名顾客走进一家商店购买一袋面粉。他随机抽一张纸币递给店员，比如，一张印着圣诞老人和几百英里以外威斯康星州沃潘市（Waupun）某家银行名字的纸币（无意冒犯，但沃潘市听起来真像是一个杜撰的地名）。这张印着圣诞老人的纸币的面值是2美元。店员怎么知道能不能收这张纸币呢？

他搬出了一本《汤普森纸币报告》（Thompson's Bank Note Reporter），一本登载了全美所有银行、银行所发行纸币的范例以及银行在用金银回购自家纸币方面可靠与否的好用期刊。

店员翻到了威斯康星州的部分，找到了沃潘银行，这是家合法的银行，然后还有一段对银行2美元面值纸币的简短描写："2元纸币，上印圣诞老人、驯鹿和房屋等。"这是真钱啊！

《报告》还告诉店员收这款纸币的时候要扣掉面值的1%（换句话说，就是把这张2元纸币当成1.98元来计算）。

不同的城市有不同的折扣：距离发行银行越远，折扣越大，用来抵扣把纸币运回银行的成本。当然，如果有迹象表明银行快垮了，那折扣会很快变得很大。

汤普森还出版了一份反伪钞指南（一个有几千种纸币流通的世界简直就是打假人的天堂啊）和一本描述所有和美国货币同时流通的外国银币的增刊。

这是一个政府制定几条规则后就不再管事的世界，一个货币们有自己的自由市场的世界。这是刻意设计的。纽约的某个法庭在维护该地的自由银行体制时，这样写道："人民……交易货币的权利应该和交易小麦或者棉花的权利享有一样的自由。"这是杰克逊等人所梦想的世界。

根据某个旅行者的日记，下面是从肯塔基州到弗吉尼亚州的旅行体验：

> 带着肯塔基的钱从家出发……到了梅斯维尔（Maysville），只收弗吉尼亚的钱，但换不到。在慧灵（Wheeling）用一张50块的肯塔基钱换了一把弗吉尼亚西北银行（North Western Bank of Virginia）的钱；到了弗雷德里克敦（Fredericktown），弗吉尼

亚和肯塔基的钱都不行了,花了一张5美元的慧灵纸币吃早饭和晚饭,收到的找零里有两张某个宾夕法尼亚银行的1美元纸币,1美元的巴尔的摩和俄亥俄铁路公司纸币(Baltimore and Ohio Railroad),剩下的则是"好意图"纸币(某种一文不值的纸币);距离小饭馆一百码以外的地方,所有纸币都不收,只收巴尔的摩和俄亥俄铁路公司的纸币。[1]

最后,日记的主角写道,当他再回到弗吉尼亚后,花了两天时间讨价还价,才把手中的垃圾纸币换成了自己需要的弗吉尼亚纸币。这笔交易让他亏了10%。

自由银行体制听起来像是个噩梦:不靠谱的银行,那么多不同面值、不同种类的花纸条、假币,没有中央银行管住整个系统。所以,它有时候就是个噩梦。

但在20世纪70年代,当对自由市场的信仰和对政府干预的不信任日益增长,经济历史学家开始回溯历史,重新审视自由银行体制的时代。相比关注逸事(比如那个经

---

[1] 梅斯维尔为肯塔基州地名,慧灵为弗吉尼亚州地名,弗雷德里克敦为俄亥俄州地名。——译注

常被引用的从肯塔基去弗吉尼亚的倒霉旅行者的故事），他们试着研究当时的数据：看看当时一共有多少家银行，以及有多少银行失败破产的案例，还有人们在换钱时支付的平均成本。结果他们发现自由银行体系并不是那么糟糕！

旅行者们在换钱的时候通常要承担1%至2%的损失，这和今天我在某个球场取钱时，因为没有我的开户银行或者没有该银行的自动取款机而被迫使用其他银行的自动取款机时所支付的费用是一样的。同时，历史学家们还发现，不靠谱的银行其实没那么多。

另外，在西部边疆地区，银行大肆滥发的纸币也自有其用处。这意味着拓荒者可以借纸币来购买种子、牲畜和执业所需的工具设备。正如经济学家约翰·肯尼斯·加尔布雷恩（John Kenneth Galbraith）所写的，"比起一个基于信用体系、管控更严格的规范系统，无政府状态能为拓荒者们提供好得多的服务"。

当美国内战爆发，联邦政府需要筹钱之际，亚伯拉罕·林肯（Abraham Lincoln，1809—1865）的财政部部长促使国会通过了新的法令，为整个国家创造了某种自由银行体系。现在任何一个能满足特定条件的人都可以开立一家国家银行了。关键的一点是,为了资助战争,这些国家银行的纸币必须由美国政府债券担保。要想存续下去,国家银行们则必须把钱借给联邦[1]。南方也印了自己的纸币,但当南方输掉战争的时候,这些钱也就一文不值了。

林肯总统签署最后一项银行相关法令的时间是1865年3月3日,"是在他第二任期就职仪式的前一天,里士满陷落的前一个月,他被刺杀的前六周。"经济历史学家布雷·哈蒙德(Bray Hammond)写道。这项法令为州银行发行纸币制定了10%的税。法令的目的是通过收税让州银行的纸币消失,只剩下由国家银行发行的统一纸币。法令的结果和计划的一样,很快,由州银行发行的纸币都消失不见了。

南北战争是人们停止说"各个联合州"而开始说"美利坚合众国"的时候,这是美国从一堆不同的州成为一个单独的国家的时候。毁掉这个流通着由州政府颁发许可的银行所发行的数千种纸币的世界,创造一个仅有一种纸币的世界,一种由国家银行发行统一货币的世界,只是这个

---

1 the Union,指南北战争中的北方。——译注

变革时刻的一小部分。但金钱正是作为变革中的一部分，让一个国家真正成为一个国家。

恐慌来袭

国家银行们发行的新纸币以相应面值在全国流通。到目前为止一切还好，但因为这些纸币是由政府债券担保的，流通的纸币量受到政府借款金额的限制。每年秋天，当农民们需要花钱雇人收获农作物、商人们需要钱来收购农作物的时候，钱就不够了，利率因此飙升。

美国的纸币还有另一个没那么频繁发生但更严重的问题：大规模的金融危机。大概每十年就被触发一次金融危机：一家大型银行倒下了或者投机泡沫破了，每个人都急着将账户里的钱提现，或者把纸币换成黄金。当然，毫无例外的，即使是健康的银行也没有足够的现金来应付挤兑。经济因此崩溃，数百万人丢了工作。这些危机恰如其分地被称为"恐慌"。

欧洲人开始意识到，有一家中央银行，即一家政府授予了印钞垄断权的、肩负着管理一国金钱责任的银行，能让恐慌发作得没那么频繁和严重。关键做法是,当大家都在恐慌的时候,允许中央银行自由地把钱借给靠谱的借款人。

"他们必须把钱借给商人,借给小银行,借给'这个人和那个人'。"《经济学人》(Economist)杂志19世纪的一位编辑沃尔特·白芝浩(Walter Bagehot, 1826—1877)写下了这句名言。如果人们知道中央银行会借钱给自己的银行防止它们明天就破产,那他们就不会在今天赶着去取钱;要是他们今天没有赶着去取钱,那就没有恐慌,没有金融危机。

但美国还处在安德鲁·杰克逊总统的阴影下。人们讨厌中央银行这个想法,他们认为这会是华尔街精英或者华盛顿精英的工具,乃至是两者共有的工具,任何一种情况下,这都是劫贫济富,会对民主造成巨大威胁。

然而,到了1907年秋天,一个控制着纽约一家小银行的铜业巨头陷入财务困境,对它名下银行的挤兑很快蔓延到纽约的其他银行。这是杰克逊时代之后最糟糕的金融恐慌。直到国内最有影响力的银行家J.P.摩根(即摩根大通银行的创始人)把一堆银行家锁在自家私人图书馆里,告诉大家除非他们同意互相救助的计划否则不放他们出去，才终结了这次恐慌。在他们想出解决方案之前，摩根抽着雪茄玩起了单人纸牌游戏。

银行家们的确想出了一个方案，这个方案也的确终结了恐慌，但没能及时拯救实体经济：失业率翻了一番，破产数量增加了一半。这本可以是1907年美国设立中央银行体系的契机。

然而恐慌还是没有说服美国人接受一个中央银行。相反，如一名银行家所写，大部分人"指责这些困难是由'对企业自私自负、无法无天的运营'造成的，是'过度投机''银行的贪婪'或者'华尔街'的诡计造成的"。

银行当然是贪婪的！企业当然也是自私的！华尔街肯定是狡猾的！将金融危机归罪于这些理由，无异于将洪水归罪给水是湿的。一个21世纪的经济学家指出，如果是华尔街的贪婪导致金融危机，那我们每个星期都会遭遇金融危机。此时此刻的重要问题，当然也是我们应该一直关注的问题是：要如何设计货币体系，才能把贪婪和自私以及诡计引向对社会有益的方向，并且限制金融体系中固有的潜在危害。

1907年大恐慌确实让一部分人开始思考这些问题，

尤其是人称"大王销"[1]，颇具权势的参议员尼尔森·奥尔德里奇（Nelson Aldrich）。他开始阅读和银行业有关的东西，并管理了一个货币委员会，还去欧洲考察了他们是怎么管钱的。

到了1910年，奥尔德里奇确信美国需要一家中央银行，或者至少某种类似中央银行的东西。但他也知道美国人不会同意，所以他做了任何一个理智的参议员都会做出的选择。他拉拢了一小群有权势的银行家，秘密谋划成立一家大家都同意不把它称为中央银行的中央银行。

在一座私人小岛上谋划一家中央银行

1910年11月的某个夜晚，在新泽西州的霍博肯（Hoboken），一群大人物依次登上一节挂在一列火车尾部的私人车厢。其中就有参议员奥尔德里奇、美国最有权势的三名银行家，以及一名为财政部部长工作的哈佛大学经济学家。

---

1 king pin，指在企业或者组织机构里最具实权的角色。——译注

他们的行程严格保密。奥尔德里奇已经提前知会大家：要独自前来，趁着夜色，打扮成打野鸭的人（背着来复枪以完善造型），并且只用名字称呼，好隐藏身份。几十年后，其中一名银行家写道："当我到达车厢的时候，百叶窗已放了下来，只有一丝丝琥珀色灯光显出窗户的轮廓。一旦进入这节私人车厢，我们就要遵守不准提到姓氏的禁忌。我们互称对方为本、保罗、尼尔森和亚博。"火车向南出发了。其中一名银行家安排这群人入住佐治亚海岸线上的一家豪华狩猎俱乐部，11月的时候，这里不会有人来。俱乐部所在小岛的名字简直满足了阴谋论者的全部想象：哲基尔岛[1]。在一周左右的时间里，这群人将会想出一个计划来改变美国货币的性质。

因为他们认为美国需要一家中央银行，同时他们也清楚美国人对集权和银行业都高度警惕，这群人炮制了一个经典的美式折中计划：一张由不那么像中央银行的多个机构组成的网络，散布在全国各地。当然，它们不会被叫作中央银行，而是会被称为"储备协会"（reserve

---

1 Jekyll Island，Jekyll 源自罗伯特·路易斯·史蒂文森的小说《化身博士》(*Jekyll and Hyde*)，小说中哲基尔医生服用了一种药，把他性格中的善与恶分在两个人物身上。——译注

association）。连在一起后，它们就是"美国储备协会"（Reserve Association of the United States）。和欧洲的央行们一样，这些储备协会不是由政府官员控制的，而是由私人银行家们控制。他们有权发行美元，将之借给当地银行。这群人各回各家，奥尔德里奇发布了计划，没有解释这是由一群银行家秘密炮制出来的。

但这个计划看起来还是挺像由一群银行家炮制出来的，国会就此争论不休。奥尔德里奇退休了。民主党（也就是杰克逊的政党）这个干掉了美国银行的刽子手，掌握着议会。"安德鲁·杰克逊的鬼魂白天就浮在我眼前，晚上则蹲在我家沙发后面。"在众议院里推动这项计划通过的民主党议员后来写道。

民主党人可不会接受由私有银行的银行家们控制的一堆中央银行。因此，和这群人的计划相反，各地区的储备协会（现在已经改名为联邦储备银行［Federal Reserve Banks］）会接受华盛顿一个管理委员会的监管，委员会成员由总统指定。

当时美国采取的是金本位制度，国会限制了储备银行发行纸币的能力。银行的金库里每价值 4 美元的黄金，只能对应发行价值 10 美元的纸币。最后，也是最重要的，美联储发行的纸币"是美国的债务",不是私有银行发行的私有纸币,而是经由一个新的、怪异的公私混合中央银行(实际上是十二家银行,同时也是某种意义上的一家中央银行)发行的政府纸币。

这是一匹由管着多个委员会的委员会设计出的马,也是中央银行设计出的骆驼,如果这听起来既像个好主意,又一团糟,它还真的是二者皆有。接下来二十年里,美联储为美国提供了能用的货币,并且缓解了季度性的现金短缺。

然后,在1929年股市崩溃之后的经济危机里,碎片化的美联储助力了一种本应仅是普通经济下行的情况变成20世纪最糟糕的经济灾难。

第十二章

金钱已死；金钱万岁

金本位制度的核心是一条简单的规则：只要愿意，任何人都能走进一家联邦储备银行，用纸币兑换黄金：每盎司黄金 20.67 美元。到了 1933 年，这条规则已经成为美联储的麻烦。

美国正处于历史上最糟糕的银行系统恐慌中。人们不仅仅冲进自己的银行把储蓄提现取出纸币，他们还冲进联邦储备银行把纸币换成黄金。3 月初，恐慌抵达纽约，当时和现在一样，纽约已经是美国银行体系的中心了。而此时的纽约联邦储备银行就快要没有黄金可以兑出。

因此在 1933 年 3 月 4 日的凌晨 1 点左右，纽约联邦储备银行的行长来到纽约州州长位于公园大街（Park

Avenue）的公寓里。他期望州长可以宣布一个银行假期：这听起来像是某种便宜跟团游套餐的委婉说法，但实际上是要关掉州内的所有银行，让人们没法把钱都取出来。州长不太情愿地同意了。在凌晨2点30分，他签署了命令，关掉州内所有银行，时长三天。

当天早上，同样的事儿在全国各地发生。伊利诺伊州州长关掉了自己州里的全部银行。黎明前后，宾夕法尼亚州州长（据说他签署命令的时候兜里只有95美分了）也关掉了州内全部银行。马萨诸塞州和新泽西州当天早上稍晚些时候关掉了州内所有银行。别的几十个州则早在前一周就已经关掉银行。当时还没有自动取款机，也没有信用卡，因此随着银行关闭，大部分美国人没法取钱了。当天下午，在美国货币历史上的至暗时刻，在人们说到要闹革命和终结资本主义的时候，在士兵们于华盛顿街头架设机关枪的时候，富兰克林·德拉诺·罗斯福（Franklin Delano Roosevelt，1882—1945）宣誓就任美国总统。

几个月内，罗斯福将会无视来自最亲近的参谋和国内最权威的经济学家的建议，摧毁货币至此一直赖以存在的原因，并创造出我们今天仍在沿用的金钱。

货币短缺如何凭一己之力导致大萧条

今天，美国的银行存款和其他大部分国家的银行存款都由政府提供保险。但并非历来如此，当一家银行破产的时候，存款人并不是总能拿回自己的钱。所以当人们对自己的银行稍感紧张的时候，他们就会冲去把钱取出来。这完全是理智的做法啊。但一旦人们开始抢着取钱，没有银行能活下来。存款人放在银行里的钱并不是永远待在那里，这些钱被出借给借款人。20世纪40年代，当一名社会学家发明了"自我应验式寓言"（self-fulfilling prophecy）这一说法的时候，他举的第一个例子就是对一家健康银行的挤兑。

必定会让存款人紧张的一件事儿就是目睹临近城镇的银行暴雷。因此，即使在好年景里，美国的银行体系也像是一大圈多米诺骨牌，每个人都紧张地环视四周，试图洞察到任何摇动迹象。19世纪和20世纪早期，每十到二十年，就会发生全国范围的大规模银行体系恐慌。

美联储成立的部分原因就是防止这些恐慌——它有权向那些大体上稳定但面临挤兑风险的银行提供贷款。来自美联储的贷款让银行们能够支付存款人想要提取的钱，防止一些孤立的风险变成全国范围内的恐慌。

当1929年股市崩溃后，纽约联邦储备银行做了自己分内的工作：用低息贷款大水漫灌纽约市的银行。而且这见效了！贷款阻止了一批银行破产，如果它们真破产的话会让情况雪上加霜。

然而，到了1930年，失业率继续上升，支出和价格继续下跌。纽约联邦储备银行的头儿提议让银行们更容易借到钱，试图让经济维持正常。

今天的运行机制已经不一样了，但美联储依然遵循同样的基本原则：当经济开始变糟，美联储印钱并让贷款变便宜。这让借款人更容易活下去，也鼓励企业借钱用于投资和雇佣员工。

但在1930年，绝大部分散布全国各地的联邦储备银行官员都不想干预。芝加哥联邦储备银行担心向体系注入更多的钱会鼓励交易员们进行投机赌博，而不对企业进行有利生产的投资。达拉斯联邦储备银行的头儿则反对"通过人工方法干预经济潮流"。

因此美联储选择了袖手旁观，与此同时下跌的价格和上升的失业率让人们和企业都更难偿还债务了。这导致更多银行破产倒下。通过部分准备金银行制度的惊人魔力，银行们在20世纪20年代贷出大量贷款，将相对来说很少的黄金和纸币变成以银行储蓄形式存在的大量货币。1930年，这个魔力回火了。随着人们把钱从银行里取出来，银行被迫关闭，流通的货币开始减少。

同时，人们的开支更少了，原因是对未来担心，想要存住可能存下来的一分一毫（同时，如果你认为价格会继续下跌，等等再买是合理的选择，因为东西在未来会更便宜）。流通货币的减少和支出的减少结合起来导致了价格下跌。下跌的价格让借款人的状况更加糟糕，又进一步导致更多银行倒下，这意味着流通的钱更少了。以此类推。

这被称为通缩螺旋（deflationary spiral）。它不是自然发生的，也不是对先前一波投机的必要纠正。这是由货币本身导致的严重的，同时也完全可以避免的经济灾难。这是美联储本应该阻止的。相反，美联储就要火上浇油了。

黄金手铐

国际金本位制度把全球经济连成了一体。大家都涨的时候这是极好的，但在20世纪30年代早期，金本位制度成为把欧洲大部分国家和北美拽到海底的负担。两块大陆上的银行纷纷破产。当时的金融中心是伦敦,人们在恐慌中把英镑换成黄金。到了1931年秋天,英格兰银行,这家在约翰·劳因谋杀受审后成立的、当时世界上最重要的中央银行,就快要没黄金了。因此英格兰银行做了一件难以想象但又别无选择的事儿:停止接受用纸币兑换黄金。

在美国有存款的人看着这情况会想:该死!是英国发明了金本位,现在他们玩脱了啊。美国一定也快了。所以他们也开始用美元换黄金,在英国暂停执行金本位制度后的五周里,人们从美联储那里兑出了价值7.5亿美元的黄金。

美联储知道怎么应对这波黄金短缺:提高利息。利息越高,越能刺激人们把钱留在付给他们利息的银行账户里,而不是把银行存款换成黄金。高利息政策奏效了,人们不再用美元兑换黄金。

但提高利息也有一个意外(但完全可预料的)后果:农民和企业不得不为借款支付更高的利息,这导致了更多人破产。结果就是失业率更高,价格跌得更厉害了。

提高利息和美联储应该做的事儿完全相反。今天,美联储会在担心经济过热的时候(人人有工作、价格越涨

第十二章 金钱已死;金钱万岁 173

越快的时候)提高利息;而当经济不振时它会降息。在1931年秋天提高利息,美联储把靴子踩在了已躺倒在地的美国的喉咙上,在此之前,它已经连续两年被打得喘不上气了。美联储的主席声称涨息是基于"每一条已知的规则",这意味着美联储所做的正是金本位制度要求的。

几十年后,经济学家米尔顿·弗里德曼(Milton Friedman,1912—2006)和安娜·施瓦茨(Anna Schwartz,1915—2012)拼出了一部非同寻常的、细节满满的美国货币史。他们揭示了美联储减少货币和提高利息的政策,也就是声称遵守金本位制度要求的政策,将一场本应该算是糟糕但普通的经济下行变成一场弥天大灾变。是美联储和它管理下的金本位制度导致了大萧条。

今天,金本位制度已是一些人怀旧时才会聊到的事儿。政治家们偶尔还会宣称想要恢复金本位制度,但懂他们在说什么的人都知道这只会是灾难。2012年,一项调查询问了横跨整个政治光谱的几十位美国经济学家对金本位的态度,39名经济学家反对回归金本位制度。没有一个人支持金本位。在今天的经济学家里,金本位制度不是一件有争议的事儿,几乎所有经济学家都认为它是个糟糕的想法。

但大萧条发生的时候，金本位制度和日益扩散的灾难之间的联系还不清楚。人们以为自己遭遇的是20世纪20年代大繁荣和1929年股市崩溃带来的不可避免的后果。他们认为这和货币本身的失败毫无关系。在1932年的总统选举中，价格下跌、失业率上升至此已经持续了三年，大量戴着帽子的男人[1]排队领取救济面包，女人们怀抱着骨瘦如柴的孩子呆坐在棚户区的纸板屋里，而胡佛总统依然全力支持金本位制度。

在一场竞选演讲中他说道："强迫美国脱离金本位制度意味着混乱。所有的人类经验都显示了，一旦选择了这条道路，就无法停下来，因为货币和债券最终会一文不值，政府的尊严会因此荡然无存。"

他的对手富兰克林·罗斯福则承诺发行"靠谱的货币"：这通常是一个和金本位制度联系在一起的表达。但罗斯福从没说过他用这个表达的意思是什么。罗斯福以压倒性优势，在美国历史上最糟糕的货币危机中当选总统，并且没有告诉任何人自己觉得这个国家要如何管理货币。按照我们目前所知道的，他当时也不是真的清楚

---

[1] 指原本有着体面工作的人。——译注

该怎么做。

你知道谁清楚该怎么做吗？该死的欧文·费雪。他已经手持答案上蹿下跳喊了二十年。核心问题是金钱价值的不稳定，结果就是价格下跌；下跌的价格是囤积商品、拖欠债务和银行破产的根源。解决方式是让价格止跌回升。但要达到这个目的，费雪知道，美国人需要改变对金钱本身的看法。

"西方文明的终结"

费雪的观点不再是完全孤独的了。英国最著名的经济学家约翰·梅纳德·凯恩斯（John Maynard Keynes，1883—1946）就受到了费雪的影响。在美国，费雪这边有了一些商人，和一个当时还无人知晓的农业经济学家乔治·沃伦（Geogre Warren）。1932年秋，这群人成立了一个名字谦卑的组织：全国重塑价格及购买力委员会（Committee for the Nation to Rebuild Prices and Purchasing Power），这是费雪的稳定货币协会（Stable Money Association）的继任者。"委员会这个名字给了通货膨胀的企图某种虚假的体面。"历史学家小阿瑟·施莱辛格（Arthur Schlesinger Jr., 1917—2007）写道。

确实是虚假的。沃伦是一名康奈尔大学研究农业的经济学家，花了很多年想要找到让母鸡多下蛋的方式。当农产品和肉类价格在20世纪20年代下跌的时候，沃伦开始痴迷于研究黄金和大宗商品价格之间的关系。他花费数年收集和分析了几个世纪的数据，渐渐地，他被费雪的基本论点说服了，想走出大萧条的唯一方法是让价格上涨，而让价格上涨的唯一方法是打破金本位制度长达百年的桎梏。

沃伦碰巧和罗斯福私下里认识。他为后者在自家纽约州北部地产上的树木问题提供过建议，还在罗斯福当州长的时候为其提供过有关农业的咨询。总统大选后，沃伦和费雪都给罗斯福写了信，并和他的高级幕僚见了面，推销自己关于货币的看法。

在罗斯福就任之后的第一天，沃伦登上了一架小小的私人飞机（和林德伯格六年前跨越大西洋所驾驶的飞机是同款），飞到了华盛顿，试图见到总统本人。

在这一刻前的几周里，情况已经从糟糕恶化到疯狂的地步。现在，除了失业率飙升、饥饿和流离失所等大萧条带来的人间惨剧，一波比之前任何一次都严重的银行挤兑浪潮席卷了全国。随着银行崩溃,各州纷纷宣布银行假期，货币也开始消失。

人们开始随机应变。一百多个城市印刷了纸质欠条作为临时货币。底特律的一家百货公司和农民们以物易物：三桶鲱鱼换一条裙子，三双鞋子换一头五百磅重的母猪。麦迪逊广场花园（Madison Square Garden）的拳击比赛促销员用票换"帽子、鞋、雪茄、梳子、肥皂、凿子、茶壶、土豆和护脚霜"。

就任日上，罗斯福最著名的一句话应该就是对美国历史上最严重的银行挤兑的完美回应："我们唯一值得恐惧的就是恐惧本身。"在巨型银行挤兑潮中，在经典的自我应验式寓言实例中，恐惧本身正是最核心的问题。

沃伦在总统就任日第二天晚上的 10 点 30 分，在白宫见到了罗斯福总统。几小时后，罗斯福坐在书房里，抽着一只插在象牙座子上的香烟，签署了一项声明，这是他当选总统后发出的第二项命令：暂时关闭美国境内的银行。沃伦为此非常激动。

记者们报道说罗斯福刚让美国和金本位制度脱了钩。罗斯福的财政部部长威尔·伍丁（Will Woodin）否认了报道。"说我们放弃了金本位制度完全是荒谬和误导大众的。我们绝对会坚持金本位，只不过是有几天没法换到黄金而已。"伍丁说道。伍丁对记者的回应表明美国会真真正正地坚持金本位，不能比金本位更金本位了，美国甚至比起从前来说更坚持金本位了。

1933年3月，费雪和沃伦还是总统圈子的外人。美国的顶尖经济学家和银行家，以及罗斯福的顾问们，几乎都一致坚信美国需要维持金本位制度。伍丁想要表明这个态度，但罗斯福不是太确信了。在关闭美国银行、冻结全国黄金供应的三天后，他举行了首场新闻发布会，并在让记者们承诺不见报之后说："只要没人问我，我们是不是放弃金本位制度了，那就行。"

当周，当银行都还关着的时候，国会迅速通过一项紧急银行法案。法案规定了官员们如何决定哪些银行可以重开，同时也给了政府权力，能强迫美国人把黄金卖给政府。

接下来的周末，罗斯福发表了第一次全国广播讲话。这是对美国来说极其重要甚至事关存亡的危急时刻。人们正认真地讨论着资本主义的崩溃，美国农民正因为下跌的价格公开抗议。但罗斯福没有谈论上面任何一点，相反，新总统在广播里说："我想和美国人民聊几分钟银行。"然后，在危机之中，他给这个国家就银行和货币的运行机制进行了非常基础的启蒙。

"首先，我想说明一个简单的事实，当你往一家银行里存钱的时候，银行不会把钱收在一个保险箱里……银行让你的钱流动起来，让工业和农业能持续运行……国内货币的总量只是所有银行里的所有存款总数的小小一部分……

"2月的最后几天和3月的头几天发生了什么呢？因公众的信心下跌，导致民众中的很大一部分人对银行进行了大规模挤兑，把银行存款换成现金或者黄金，这次挤兑如此严重，以至于最稳定的银行都没法拿出足够的现金来应付需求。"

罗斯福指出，联邦官员们现在正在检查国内的每一家银行。那些稳定健康的银行也就是绝大部分银行会重开。更重要的是，罗斯福想要打破导致一个接一个挤兑的恐慌循环。"毕竟，在对我们的金融系统的重新调整中，有一个元素要比现金重要得多、比黄金重要得多，那就是人民的信心……让我们联合起来对抗恐惧……团结一致就不会失败。"

罗斯福明白，钱之所以是钱，是因为我们相信它是钱。当人民对银行的信心不再，他们就不会觉得自己的存款是钱了，所以他们以纸币的形式把钱取出来。当他们对纸币失去信心，就把纸币换成黄金。这些变化不是中性的。每一步，从存款到纸币，从纸币到黄金，美国倒退到了一个钱更少、运行得更差的世界。这正是罗斯福试图纠正的倒退。

第二天，银行开始陆续重开。再一次，人们在银行外排起了长队。但这一次，他们不是去取钱的，而是去存钱的。这是银行挤兑的反面！银行假期和总统的炉边谈话起效了。一旦人们信任银行，就把手里的纸币变回银行存款，因为他们又一次相信银行存款就是钱了。

随着一家接一家的银行重开，银行假期逐渐结束了。但很多人还是感到害怕，价格依然被抑制着，借款业务也不活跃。几周以后，罗斯福扔了另一个炸弹，他签署了6102号总统令：

> 兹命令全民于1933年5月1日当天或之前……将所有的金币、金条、黄金持有凭证上交至任意联邦储备系统内的银行……蓄意违背该总统令任意条款，

或者违反据此令颁布的任意条款、规定、许可，将被处以不超过1万美元的罚款，或者……不超过十年的刑期，或者两者并罚……

和之前的约翰·劳一样，罗斯福让民众持有黄金变成了犯罪。总统宣布说，哪怕只是在书桌抽屉里放了价值几百美元的金币都有可能坐牢（人们还是可以持有首饰以及象征意义的少量金币）。要是总统宣布全体美国人必须交出手中的黄金的话，想象一下今天人们会如何反应吧。但这不过是1933年的春天能有多疯狂的一个迹象而已，这远不是那个月最关键的一刻。那一刻还要再等几个星期才出现。

当时，一项农业法令正在试图获得国会批准。一名俄克拉荷马州参议员正在推动一项激进的修正案，如果它通过的话，将会是一百多年来首次赋予总统权力，让他可以通过改变对应的黄金数量来改变美元的价值。这当然令人不快。1美元就应该被定义成固定数量的黄金。这是最核心也无可变更的金本位制度的真理，是整个系统得以矗立的基础。

但在4月18日，罗斯福召集了最亲近的经济顾问，让后者大惊失色的是,他说自己会支持这项修正案。在他的支持下,修正案几乎毫无疑问会成为法律。罗斯福说:"恭喜我吧。我们脱离金本位了。"

之后,一名顾问这么回忆道:"整个房间里一片混乱。"一名原是银行家的顾问告诉罗斯福,说他正把国家带进"无法控制的通胀和彻底的混乱之中"。罗斯福的预算主管也同意这点。两人"势如猛虎地激烈反对,在房间里来来回回,大肆争论",试图劝说总统改变主意。总统本人对此一笑了之。他从自己口袋里拿出一张10美元的纸币,说道:"我怎么知道这能行呢?实际上,我认为它行,那它就行。"他们一直争论到深夜。总统不慌不忙地睡觉去了。在顾问们离开白宫的时候,顾问主管说道:"好吧,这就是西方文明的终点了。"

"我现在是世界上最幸福的男人。"第二天得知了消息的费雪在给妻子的信里写道。"我为我们能回归繁荣,为自己能在扭转局势的行动中和数年前的基础工作中出了力而感到开心。我觉得这一周标志着我一生事业的巅峰。即使生命就此终结,我也会觉得值得,不管任何人对我的生命还有任何别的期待。"

罗斯福对货币的处理手段是临时起意、告知不详的,同时还和最聪明、满怀好意、信息灵通的人们认为他会采取的手段相反。但是，计划成功了。不太漂亮，也不完美，但它绝对是成功了。

1933年春天是大萧条的谷底，美国历史上最糟糕的经济灾难的至暗时刻。在罗斯福关闭银行，收缴了全民手中的黄金以及抛弃了金本位制度后，一切开始好转了。价格开始上涨，借款人的负担终于减轻，失业率开始下降，收入和股市都开始回升。上升是缓慢且不平衡的，也还有很多很多问题，美国要直到第二次世界大战才会完全复原。但趋势明朗了。

几十年后，当经济史学家回顾这段时间，不仅要关注当时的美国，还要看看英国、法国、德国和日本，他们看见了一个明白清楚的联系。一个接一个国家，随着政府放弃金本位制度，其经济都开始好转。同时，经济学家们总结出了因果关系。金本位制度把国家禁锢在糟糕的经济周期里，打破和黄金的联系也就打破了这个周期。

世界依然保留了一个假的金本位制度，时间长达几十年，外国政府依然可以用美元换黄金（每盎司35美元，这是罗斯福在1934年设定的），但普通人没法再这么做了。终于，在1971年，美国彻底和黄金脱钩。管理美元的价值成为美联储的工作：不是用黄金而是用普通美国人购买的商品来衡量。换句话说，美国（以及其他国家）终于开始用欧文·费雪期望的方式来看待金钱了。

但最关键的时刻是在1933年。当年秋天，罗斯福写信给一名哈佛大学的经济学家，这是个坚持让罗斯福总统回归金本位制度的亲信顾问。"你把一个过时的人造的金本位制度置于国家之间，置于人类苦难和自己国家的迫切需求之上。"这句话里的核心词语不是"苦难"或"迫切需求"，而是"人造的"。

金本位制度的信徒们给了金本位天生的权力。他们不做抵抗地、轻易就接受了黄金作为货币就是自然规律，而其他任何政策不仅是不理智的，同时还是不自然的，因此注定会失败。

罗斯福意识到了金本位制度一点都不自然。它和其他很多货币制度一样是人造的。金本位制度是人们做出的选择，哪怕他们没有意识到这是自己的选择。罗斯福了不起的天才在于简单地表明了：我们有别的选择。

第五部分

21世纪的金钱与它们所创造的世界

金钱的历史就是银行和政府的历史,也是普通人争论二者各自职责的历史。结果就是,这也成为金钱的现在:关于影子银行、欧元的故事以及不可绕开的比特币的故事。

第十三章

新货币和影子银行如何助推 2008 年金融危机

以下是关于 2008 年金融危机的标准说法：

1. 不靠谱的债权人把天量贷款贷给没有购买能力的买家，后者用贷款买入了价格虚高的房产。

2. 天量的贷款被打包在一起，再被分割卖给了投资人。

3. 当房价下跌，没有购买能力的买家无法偿还天量的贷款。

4. 购买了天量贷款包产品的投资人破产，并把经济一起拉下了水。

这个故事既真实又很戏剧化。但它并非完整的故事，只是整个危机故事的一部分。天量的贷款凭一己之力远不足以摧毁整个经济。这个故事有另外一整个部分几乎从没被提起过。

这个部分和金钱本身有关：一种新货币在一种新的银行体系里流通，并且没人意识到后者是一个银行体系。这种新货币带来了 20 世纪末和 21 世纪初金融业的疯狂增长，同时，也是这种新货币帮助美国房贷市场的一小部分炸毁了全球经济。这种新货币有一个没人能够完全解决的核心问题。除非能彻底解决这个问题，否则它还会再次炸毁整个世界。

这一章就是要讲这个部分的故事。

两个家伙

"我一直以来都痴迷金钱。"布鲁斯·本特（Bruce Bent）说道。"二战"后的长岛（Long Island），当时他只是一个 8 岁小孩，就已经开始搜集空可乐瓶，将其交回商店换出瓶子押金了。他尝试当个报童，但背后的算盘打不通。"送报纸是一份垃圾工作，工作量太大，报酬太少。"因此他在杂货店找了份工作。"我 14 岁的时候周薪就有 70 美元了，很不错的收入。"

高中毕业后他子承父业，当了一名邮递员，而后又作为预备役成员在海军陆战队里待了六个月。从圣约翰大学毕业（St. John's University）后，就像所有痴迷金钱的人一样，他想办法找了一份金融业的工作。"我走上华尔街，对那些资深合伙人大拍马屁。"

几年后，他在一家保险公司的投资部找到一份工作。他工作的第一天也是将成为他老板的哈利·布朗（Harry Brown）上班的第一天。布朗是一名哈佛大学毕业生，一位联邦法官的孙子，总之他和本特相比是完全不同的一类人。

他们在各自上班的第一天首次见面，地点是哈利老板（也就是本特老板的老板）的办公室。几分钟后，具体来说，是他们见面几分钟后，哈利看着布鲁斯对大老板说："我不喜欢他。我不想要他在我的部门工作。"

"为什么？"

"他是个纽约的机灵鬼，我不想他待在我的部门里。"

"你给我忍着。"

最后，本特和布朗都发现很喜欢与彼此共事。几年后，他们辞职创办了自己的公司：布朗和本特公司（Brown and Bent）。他们计划为有钱投资的保险公司和需要借钱的公司牵线搭桥，但生意没什么起色。

本特当时已有了妻子和两个孩子，还背着两份贷款。他从二手商店买了一辆自行车通勤，好节约公交费用。上班时，他先骑自行车到火车站，再坐火车到公司，最后坐到布朗对面，两人每天你来我往地交流想法。"我们试图找到某种财富密码。"本特回忆道。

在堪堪持平地运营了几年后，本特和布朗发现了一个机会。1933年生效的联邦法规给银行储蓄账户能获得的利率设定了上限，并且禁止银行为活期存款支付任何利息。但那些有不少钱同时也愿意把钱冻结几个周、几个月的人，能通过开立存款金额至少为10万美元的储蓄账户或者购买名叫短期国库券（Treasury bills，又叫T-bills）的政府债券获得更多的利息。

本特和布朗决定为那些不愿意冻结住现金的投资人，或者那些无力进行如此大额投资的人，找到能比购买短期国库券以及储蓄大额存款获得更高收益的方法。一天下午，本特想出了一个办法。"我望着布朗说道：'为什么不搞一个共同基金[1]呢？'"本特说道，"他说自己完全不知道什么是共同基金。我说，我也完全不知道什么是共同基

---

1 mutual fund，也称互惠基金。——译注

金,但我觉得它能行。"

共同基金是一个资金池,通常投资股票或者债券。如果你有个退休金账户,那你极有可能是一个或者好几个共同基金的投资人。当投资人们购入共同基金的股份时,他们实际上购入的是这只基金拥有的所有股票或者债券(或者两者兼有)的所有权。共同基金股份的价值随着它包含的股票和债券的价值变化,每天都有涨跌。

布朗和本特想要创立一只给人感觉像是银行存款的共同基金,它不像对股票或者债券进行的投资。他们希望它拥有活期账户的所有便利,但对储户来说还有更高的利率。所以他们对共同基金的模式进行了一点微调。

投资人可以购买他们基金的股份。基金则会在之后把投资人的钱借出去——借给政府,以短期国库券的形式;也借给银行,形式是大额储蓄账户。这些都是短期的、非常安全的投资。实在是太安全了,实际上,这只共同基金的价格无须像其他投资了股票和风险更高的债券的基金一样每天浮动。布朗和本特决定把每股价格定在1美元。然后他们选用某个会计体系来管理基金,不出大问题的话,就可以保持股价是每股1美元,和存在银行里的钱一样。

他们想把自己的基金称为"储蓄基金"(savings

fund），但管理共同基金的证券交易委员会（Securities and Exchange Commission，简称为 SEC）不允许他们叫这个名字。因此他们将其起名为"储备基金"（reserve fund），它和之前想的名字一样无聊，而这正是他们想要的效果。

基金在 1972 年时开放认购。到了 1973 年底，他们已经管理着 1 亿美元。几年之内，一堆对手基金纷纷出现。这种新的基金开始被称为"货币市场基金"（money-market fund）。很快，你就可以基于你购买的货币市场基金开具支票了：这意味着可以用货币市场基金里的钱买东西。和银行里的钱一样！

大银行们也进来了

手上攥着多余现金的企业开始把数以亿计的美元投进货币市场基金。到了 1982 年，距离本特和布朗在自己的小办公室里想出这个想法十年后，货币基金的池子里已有超过 2000 亿美元，每年还有高达几十亿的钱涌入。

一时间，这些基金手里的现金多到不知道该怎么去处理了。本特和布朗坚持对大额银行存款以及政府债券进行投资，但其他基金经理开始寻找新的选项。有些基金开始购入被称为"商业票据"（commercial paper）的东西，这本质上是一种针对安全稳定的公司提供的短期贷款。20世纪80年代，货币市场基金成为商业票据的最大买主。

巨量的金钱现在从银行流到了货币市场基金。因此全美最大的银行之一花旗银行（Citibank），想到了要做银行该做的事儿：跳进这股现金的洪流中。通过一系列复杂的法律和金融操作，花旗银行发行了一种被称为"资产支持商业票据"（asset-backed commercial paper）的东西。这是货币市场基金把钱借给那些没有安全到能开立商业票据的公司的新方法。

很快其他银行也跳了进来。到了20世纪90年代早期，数十亿美元涌入资产支持商业票据的池子，银行每个月还越卖越多。

这一切的开创者本特认为商业票据对货币市场基金来说风险太高了。"基于货币基金的概念来看，商业票据是令人厌恶的东西。"他在2001年告诉一名记者，"通过把垃圾（资产）塞进这些基金，人们滥用了这个概念，还以此追逐利润。"

本特的储备基金依然只投资政府发行的债券和那些老派银行的存单。本特的儿子当时已经是家族企业的董事长了，他告诉《华尔街日报》："与其说是简单，我们更愿意称其为审慎。"

几年之内，本特家族会悄悄地放弃这个世界观，放弃的时机还恰逢完全错误的时间点。

货币繁荣

20世纪的最后十年经历了惊人的金融繁荣，很多有钱人、企业、养老基金以及外国政府发现自己遇到了一个愉快的烦恼，即钱多到不知道怎么花了。

这不是他们想用来投资的钱。这是他们一开始就打算放入活期账户的钱，是他们下周要用来发工资的钱，或者应付下个月要寄出的退休金支票的钱，总之就是这一类。因为政府只对不超过10万美元的活期账户存款提供保险，这里显然不是存放这些现金的好地方。这种情况下，典型的选择是购买期限非常短的短期国库券，但因为现金实在太多，没有那么多的短期国库券可供购买。

这些人中的很大一部分选择了投资货币市场基金，有人发起了这类基金然后自己投资自己。货币市场基金拿着多到不知道怎么花的钱，转身把巨量资金借给华尔街上的投资银行们（尽管顶着银行的名字，但投资银行并不是常规的银行，他们不太做吸储贷款的业务，他们也没有常规银行所拥有的政府担保）。所有这些不过是想找个安全、短期的家的钱，成了吹胀21世纪初金融泡沫的空气。

该来的还是来了。房地产的繁荣仍在持续。远远达不到要求的借款人获批了大到荒唐的按揭贷款用来购买价格过高的房产。但在这个版本的故事里，我们还要往更早的地方走一步看看：我们看到的是借给不合格借款人用来购买价格过高房产的钱是从哪儿来的。你也许已经猜到了答案，正是货币市场基金！正是来自那些需要地方安置现金的退休基金（pension fund）和企业！这股全新的、天量的现金——来自货币市场共同基金、资产支持商业票据以及投资银行的现金，吹胀了泡沫。

2006年底，房产价格不再上涨，企业的财务管理者和货币市场基金开始紧张了。因此他们开始让一些（通过资产支持商业票据的形式）借钱投资了房产按揭的投资银行还钱。被要求还钱时，一些投资人没法拿出钱来。

这样的情况开始发生的时候，更多的人也想要拿回自己的钱了。

对于外面的人来说，这一切看来像是正在金融世界某个神秘角落发生的非常不靠谱的事儿。但这在保罗·麦卡利（Paul McCulley）眼里则不同，那是让人担心得多很多的情况。

影子银行

麦卡利是一名经济学家，在投资巨头太平洋投资管理公司（PIMCO）工作。他研究了全世界的货币市场基金和资产支持商业票据后声称：这不仅仅是一群神秘的投资主体，这是一整个没人真正意识到它是银行体系的银行体系。

银行从能在任何时候拿回自己的钱的存款人那里借钱，然后转手把钱以长期贷款的形式借出。银行业务的关键就是银行获得短期借款，放出长期贷款。货币市场基金和资产支持商业票据也做着同样的事儿：拿着投资人随时可以要回的钱，转手再借出去。在受到监管的银行体系的阴影里，一整个全新的类银行体系出现了。现在麻烦来了。

2007年夏天，面对一屋子的中央银行官员，麦卡利说："正在发生的一切其实很简单，影子银行体系正遭到挤兑。"这是第一次有人用这个词语来描述这个新宇宙：影子银行。

人人都以为我们在大萧条期间就解决了银行挤兑。政府开始为民众存在银行里的钱提供担保，因此后者再也无须在问题初现端倪时就冲到银行取钱。美联储时刻准备借钱给那些面临暂时困难的靠谱银行。有政府站在每个人的银行账户后面，我们的钱可安全了。

但是没人真正意识到，一个平行的银行体系已经出现。它体量巨大，横跨全球。它让对冲基金（hedge funds）和投资银行借到越来越多的钱，进行着越来越大的赌局。它把这其中的很多钱借给人们用以购买美国的房产。它有着传统银行的全部风险——可能摧毁整个经济的挤兑的可能性——却没有任何安全措施。

"影子银行出具的短期欠条……被称为现金等价物（cash equivalent）。企业的财务和其他商人就把它们称为现金。"一名由交易员转行的法学教授摩根·里克斯（Morgan Ricks）后来写道。换句话说，影子银行当时就是在印钱。

到了2007年，影子银行的规模已经超过传统银行体系。而影子银行的存款人——持有数以万亿计现金美元的企业、货币市场基金和退休基金——开始要求还钱了。这是史上最大银行挤兑的开端。

挤兑首先冲击到了贝尔斯登（Bear Sterns）。这是一家投资风格激进的小型投行，它已经从货币市场基金借来巨量的钱，并用这些钱购入了不动产抵押债券（mortgage-backed bond）。2008年3月，基金们认为借钱给贝尔斯登的风险大到不划算了。仅是美国最大的货币市场基金管理公司富达（Fidelity），就借给了贝尔斯登近100亿美元，而在一周之内，富达要求后者归还每一分钱。

这就是银行挤兑里，所有存款人在银行外排起长队取钱的时刻；这就是英国海军军官声称这些纸片不再是钱的时刻。但相比各存了几千美元的5000个人，当时这是50家各存了数亿美元的机构。贝尔斯登已经拿着借到的钱买了几十亿美元的不动产抵押债券。现在没人想接手这些债券了。包括货币市场基金在内，贝尔斯登的存款人们都想拿回自己的钱，而贝尔斯登无钱可给。

贝尔斯登不是一家商业银行。它没有持有普通人的存款，按理也没法从美联储那里借钱。但美联储引用一条法律条文，说自己在"不寻常且紧急的情况下，可以借钱给任何人"，然后借了130亿美元给贝尔斯登。美联储当时遵循的是沃尔特·白芝浩在19世纪提出的建议："借钱给商人、小银行家，借给'这个人和那个人'。"作为最后的借款人，中央银行把钱灌进了对影子银行的挤兑里。

贷款让贝尔斯登得以在周五开门营业。那个周末，就像闪婚一样，摩根大通直接买下了贝尔斯登。作为交易的一部分，美联储同意从贝尔斯登手里购买300亿美元的不动产抵押债券。然后贝尔斯登不再存在。最后，这些债券没出问题。美联储最终拿回了自己的钱，还收到了利息。

几个月后，挤兑找上了另一个投资银行：雷曼兄弟（Lehman Brothers）。雷曼兄弟就是一个更大的贝尔斯登，这家公司持有天量的垃圾不动产抵押债券。它借了太多太多的钱。到了2008年9月，几乎所有有钱放在雷曼兄弟那里的机构都决定要把钱要回来。雷曼兄弟没钱还，它有的只是一大堆没人想买的不动产抵押债券。9月15日一大早，雷曼兄弟宣布破产。

布鲁斯·本特的储备基金跌破面值

在雷曼兄弟申请破产前的三天,《华尔街日报》在当天报纸的角落刊载了一篇小文章,内容是对货币市场基金行业的一个监管问题的泛泛讨论。这个故事引用了货币市场基金发明者布鲁斯·本特的话,指出其他的基金经理再一次冒了太高的风险。"别忘了,货币基金的目的是让投资人能够在夜里睡得安稳。"本特曾这样说过。

本特喜欢这个主题,因此他毫不留情地开炮。几个月前,在自家储备基金公司发布的年报里,他写道:

> 距离危机撼动市场基础已经过去了一年,正是这场危机让投资人开始质疑货币基金的安全性。这是好事!我们很开心地向您汇报,大体上,市场也认同了这个概念,认同了这个储备基金公司得以建立的基础,认同了我们不动摇、专注保护您的自律原则……

但那些将目光透过本特的信、看进了这则报道细节的读者已经注意到某些让人惊异的东西。储备基金已经不再是那只"平淡且谨慎"的基金,不再是仅限自己投资无聊的银行存款和政府债券的基金了,如今这家公司拿着投资人的钱买了数十亿美元的商业票据,正是那种风险更高、本特曾说过货币基金应该躲开的投资。

2008年9月15日清晨,本特的储备基金公司(现在确切来说叫主要储备基金公司,Reserve Primary Fund)持有着雷曼兄弟发行的、价值7.85亿美元的商业票据。也就是说刚刚宣布破产的雷曼兄弟,欠了储备基金公司7.85亿美元。这占了这家公司基金管理总额的1%再多一点。不过是一点小钱而已!哪怕储备基金公司一分钱都没法从雷曼兄弟那里拿回来,而且他们肯定能多少拿回点什么的,剩下的99%也是没问题的。如果储备基金公司是一只普通的共同基金,这根本不算事儿。共同基金分分钟的收益和损失都在1%上下。

但储备基金可不是普通的共同基金,它是一只货币市场基金。哪怕提示了基金可能亏损的例行警告,人们也不把自己放在基金里的钱视为投资。他们把放在基金里的钱当成自己的钱。你存1美元进去,只要你愿意,任何时候都能取回那1美元。如果基金亏损1%,投资人就没法拿回自己的全额钱款。对于一只货币基金,这是一种被称为"跌破面值"(breaking the buck)的灾难。

知道当下情况的精明机构投资者们冲去储备基金公司取回自己的钱。当天上午，距离雷曼兄弟宣布破产仅过了几小时，投资者们就已经赎回 100 亿美元，这是平日里一上午赎回金额的十倍。和银行一样，基金手里也没有那么多现金。它只有一堆出售后才能换来现金的债券和商业票据。因此，上午 10 点 10 分，负责为基金提供赎回业务的银行停止向投资者们支付现金了。

接下来的几小时里，存款人试图提取剩下的 80 亿美元，但储备基金公司出售资产的速度赶不上人们取钱的速度。虽然影子银行躲在公众视线以外，但在基金高管们当天的内部电话往来中，它的行踪清晰可见（这些电话内容后来在法庭记录中被公之于众）。

"我们差了大概 8 个。"一个高管说道。（令人害怕的是，他口中的"8"的单位是 10 亿美元。）

一分钟后：

"我们筹了多少了？"

"我们已经筹到了 10 亿左右。这是我们能筹到的极限了⋯⋯"

"我的天。"

"可不。"

"嗯,太糟糕了。"

雷曼兄弟破产的那个早上也是七十年来最严重的金融危机来临之时。世界各地的人都想把自己的钱拿回来,所有的影子银行突然间都开始试图出售全部资产。但没人想买!

前面那两人打电话的时候,他们就亲眼看见了挤兑在自己面前上演。把现金放在储备基金公司的大型公司打来电话要求把钱拿回去。其中一个公司就是安德普翰人力资源公司(Automatic Data Processing,简称为ADP),这是一家为其他公司提供人力资源一类服务的公司。

"妈的!该死的安德普翰刚取走了213。"电话里的一个人说道,他的意思是刚有2.13亿美元被取走了。

"不会的,不会被取走的。"另一个人说道。

这正是银行挤兑时存款人高喊着想要取回自己的钱,而银行出纳关上柜台的窗口走开的时候。

"这些客户今晚拿不回自己的钱了。"

"这是死亡之吻。"

整整一天,一直到周二早上,本特家族都在试着借钱。他们试着卖掉公司的一部分,但没能成功。他们拿不出这么多钱。周二下午,基金宣布:"雷曼兄弟发行的债券的价值……以及储备基金持有的这些债券于纽约时间今天下午4点整即时归零。结果就是,储备基金的资产净值(net asset value,简称为NAV)从4点起,调整为每股0.97美元。"储备基金跌破了面值。

随着消息进一步扩散,投资者们从其他货币市场基金里赎回了数千亿美元。为了满足赎回需求,基金们不得不出售资产,包括手里的商业票据。但没人想要商业票据:没人愿意借钱出去,哪怕是借给那些靠谱的借款人。

"突然间,通用、卡特彼勒和波音就难以借到用来支撑公司运营和要付给供应商的钱了……大家都在挤兑所有形式的商业票据。"一名在纽约联邦储备银行工作的律师告诉我。"我们的一位高级经济学家说,'呃,这不是理性的行为'。我冲进洗手间干呕了起来。"

影子货币也是真的货币

周五,距离储备基金跌破面值过了三天,乔治·W.布什总统在白宫玫瑰园发表了讲话。"财政部正在采取行动,以恢复人们对美国金融系统一个主要元素的信心:货币市场共同基金。"总统宣布。然后他说政府将会为货币市场基金提供担保。

20世纪30年代，政府就已经在普通人的银行账户周围树起了一道屏障：好了，这道屏障里的东西不再是借给银行的钱了，不再是你们存款人也许能拿回来、也许拿不回来的钱了。你的银行存款就是你的钱。政府会担保这道屏障里的钱，确保你能将其拿回。我们还要狠狠地管着银行，让他们来为担保付款，保证这些钱的安全。

现在，布什总统基本上也就是在承认这些钱，这些政府曾经承诺会保证安全的钱，已经跳出了屏障。人们投资到货币市场基金里的美元不再是也许能拿回来、也许拿不回来的投资了。它们现在就是钱，是由美国做担保的钱，和存在银行里的钱或者持枪士兵守着的保险柜里的金币一样。"投入每一个受担保的基金的每一块钱，你都能够取回来。"总统说道。

总统的下一句话虽然无聊，但非常重要："美联储也在采取措施来为货币市场共同基金提供额外的流动性，这能帮助减轻金融市场的压力。"这是货币协议的另一半，以前只有银行能享受：美联储来充当借款人的最后保障。现在总统宣布了，美联储已经准备好基于那些完全没人想买的商业票据，借钱给货币市场基金。

两天后，摩根士丹利和高盛这最后两个独立的大型投资银行，变成了银行控股公司。这意味着它们现在可以享受以前专属传统银行的最后一招，美味的美联储借款了。因为把数以千亿计的美元投到了资产支持商业票据而进入影子银行体系的花旗银行和美国银行，将会在接下来的几个月里，以政府贷款和担保的形式获得数千亿紧急救助金。

影子银行以及它们创造的影子货币，在运行了几十年且没有支付任何成本后，成功获得了所有的安全网。影子货币现在也是真的货币了。

货币市场基金活了下来，但储备基金公司没活下来。清算后，投资者们的每1美元拿回了99美分。

货币和下一个危机

2009年，成员包括诺贝尔奖获奖者、管理过世界上每一个大型央行的人，以及地球上数个最大银行的行长的超级精英组织"30人团"（Group of Thirty），为货币市场基金提出了一个新的未来。如果一个东西走路像鸭子，游泳像鸭子，叫声像鸭子，他们说，那我们就应该像管理鸭子一样管理它。

"希望继续提供类似银行服务的货币市场共同基金……"该组织的一份报告写道，"应该被视作有特殊目的的银行以重组，应处在合理谨慎的监管之下……"另一方面，如果货币市场基金不愿意像银行一样被监管，他们就要停止允许人们用账户开支票，并停止显示每股 1 美元的稳定价值，简而言之，他们要停止假装自己是安全保管着用户的钱的银行。

这些运营着货币市场基金的公司想要继续像银行一样运行，但不像银行一样被监管。"从根本上改变货币市场基金的性质（同时取缔一个对投资人和美国货币市场来说都如此成功的产品）的步子迈得太大了，将会带来新的危机。"一份行业报告在几个月后写道。（在 2009 年，使用"如此成功"这个词显示了让人印象深刻的胆量，尤其是在距离挤兑货币基金刚过了不到一年的时候。）

危机期间发行的政府担保会在危机结束后过期。人们花了数年时间争论如何处理货币基金。最后，颁布了一些新的规定，但基金行业得到了大部分想要的东西。

仅对公司客户和捐赠基金[1]等大型投资人开放的基金必须每日通报在价值上的波动，具体到每一分钱。但面对普通投资人的基金依然适用同样的会计准则，对投资人展示的是一个稳定的价值。人们依然可以通过账户开具支票。货币市场基金并没有受到和银行一样的监管，但在大部分人看来，放在货币基金里的钱依然感觉像是放在银行里的钱。

2020年春天，随着新冠疫情席卷全球，人们又一次开始拼命把数十亿美元从货币基金里取出来。美国政府又一次急着去保护这些基金。"太让人沮丧了，我们从未真正地从源头解决这个问题。基金行业的说客不断涌来，说服监管者不尽全力。现在我们又一次陷入这一团糟里。"前监管者希拉·贝尔（Sheila Bair）说道。

＊＊＊

2008年大恐慌的关键一课是：跟着金钱走。不是传

---

[1] endowment，指由已注册的组织持有、用于某些特定非营利目的、靠一个或多个捐助者来融资的基金，常由教育、文化和慈善机构及那些专门为实现基金的特别目的而设立的机构来管理。——译注

统意义上的找到货币流向的地方，而是在影子货币的语境里，找到新品种的类货币诞生的地方。寻找那种人们借出了钱却感觉不像借钱的地方——他们感觉钱还是在银行里，可以随时全额取出。

1690年的金匠出具的收据，1930年时存在银行里的存款，2007年的货币市场基金有何共同点？当所有持有这些东西的人同时决定提现的时候，世界就会非常迅速地变得非常糟糕。

第十四章

欧元简史：是奇迹，还是陷阱？

我们现在带着一种怀旧滤镜去回忆柏林墙的倒掉。那是一个甜美幻想时刻的开始，这个时刻夹在苏联解体前的衰败和世贸中心、五角大楼遭恐袭之间，人们幻想德国再次成为一个国家，一切都会好起来的。

但当时，德国的邻居们可吓坏了。法国、英国和苏联都认为德国统一会带回那个四十多年前摧毁了欧洲、充满侵略性及扩张主义的德国。

米哈伊尔·戈尔巴乔夫（Mikhail Gorbachev，1931—2022）告诉法国总统密特朗（Francois Mitterrand，1916—1996）："帮我阻止德国统一，不然我会被一个士兵取代，或者你会为战争爆发负责。"当密特朗和玛格丽特·撒切尔（Margeret Thatcher，1925—2013）见面时，后者拿出一张东欧地图，图上展示的是"二战"后从德国被划到波兰的区域。"他们会拿回所有领土，以及捷克斯洛伐克。"她说道。

但密特朗不想疏远德国，他想要把德国拉回欧洲的熊抱里来，还想用金钱来达成目的。他想要创造一种新的货币，即不是由一个国家管理而是由一堆欧洲国家共享管理权的货币。当时这是个激进的想法，但密特朗认为这是避免德国从经济上统治欧洲的唯一办法。"如果没有一种共同货币，你和我，我们所有人，就会屈服在德国的意志之下了。"密特朗这样告诉撒切尔。

一堆国家如何放弃了自己的货币，决定共用一种货币的故事不仅仅是关于金钱的故事，它还是关于国家的意义的故事。在这个故事的核心，问题归根结底在于：当一个国家放弃对货币的控制时，它失去了什么？

人们不愿承认是狂野实验的狂野实验

柏林墙倒塌后不到一个月，密特朗就向时任德国总理的赫尔穆特·科尔（Helmut Kohl，1930—2017）提议，如果德国同意使用一种共同货币的话，法国就会支持德国统一；如果德国不同意，法国则会反对统一，而且英国和苏联都会和法国站在一起，任由德国被包围，和它在"一战"前面临的情况一样。"我们会回到1913年的世界。"密特朗告诉科尔。

放弃自己的货币对任何一个国家来说都是一件大事。对德国来说，这简直是无法想象的。在"二战"后的几十年里，德国人已经基本上放弃了民族主义（好事！），转而专注打造强劲的经济，以及最重要的，打造一种稳定的货币。他们围绕着自己的货币德国马克，重建了国家。科尔告诉密特朗："德国马克就是我们的旗帜，是我们国家自豪的核心元素，我们没有太多别的东西。"

使用共同货币这件事，欧洲人已经讨论了几十年，但没什么成果。卡尔·奥托·珀尔（Karl Otto Pöhl），德国的央行德意志联邦银行（the Bundesbank）行长说他认为还要再过一百年，欧洲才会用上共同货币。当他被委任加入一个委员会来打造一种共同货币时，他通过在委员会会议上读报纸以展示自己对此事的厌恶。这是个挺混蛋的做法，但他这么做是有原因的：在货币应该如何运行的问题上，法国和德国之间存在着重大的、看起来无法调和的矛盾。突然决定使用同一种货币比突然决定说同一种语言还奇怪；这更像是突然决定要有同样的文化。到底要怎么做啊？

法国人把货币视作是民选官员们用来达成他们目标的工具。法国的央行法国银行，遵从的是法国政客的命令。这些政客通常想要通过发行更多货币、降低利率来刺激经济，哪怕这意味着更高的通胀水平。

而另一方面，德国人则认为货币不能委托给政客来操纵。政府超发货币的诱惑，以及由此导致越来越高的通胀，代价似乎太大了。德国人已经经历过20世纪20年代的超级通货膨胀，当时马克贬值的速度要以分钟来计量。人们在酒吧会一次性点上两杯啤酒，因为当他们喝完第一杯再点第二杯的时候价格已经上涨了。

德国人知道货币的价值能有多脆弱，因此在战后他们围绕着对货币价值的保护重建了经济。他们情愿经受衰退都不愿意冒险引发通胀。政客们委派技术官僚掌管央行德意志联邦银行，之后就不去干预了。"不是所有德国人都信上帝，但他们都信德意志联邦银行。"一名法国政客说道。

所以当这个管理着德意志联邦银行的技术官僚被派去参加某个讨论放弃德国马克而采用一种共同货币的会议，并且参会人还是一帮不懂货币价值且健忘的欧洲人时，他当然要看报纸。

1989年秋天，当法国财政部长对着一屋子以德意志联邦银行行长为首的德国银行家们讲话时，他说："不要技术专家治国，而要民主治国！中央银行家们没有权利被赋予至高的权威！"

这个演讲后的三天，柏林墙倒了。密特朗总统告诉科尔总理，只有德国同意让欧洲使用单一货币，欧洲才会让德国统一。科尔其实没有什么可选的，哪怕不去担心一帮充满敌意的邻国，统一德国就已经够难了。所以他接受了这个提议。在柏林墙倒塌后的一个月，科尔逆着德国央行的愿望以及很多民众的意见，同意放弃自己国家的珍贵货币。

德意志联邦银行行长珀尔开始商议放弃德国马克的条件。他想要这种新货币处于由技术官僚管理的欧洲央行的监管下，这些技术官僚的主要工作是对抗通货膨胀（而不是刺激经济），而且还无需对政客们负责。理想情况下，这家银行的总部应该在德国，这也是为了安全起见。基本上，他就是想保留德国马克，还想让其他国家也用起来。但即使这样还不够。

珀尔和同事在1990年的时候解释过，这种货币的价值很快就会取决于每个使用国的行为。要想让这个体系运行下去，每个国家必须让赤字和通胀都保持在低位。但长远看来这还不够。共同货币能行得通的唯一可能，德国央行的银行家们写道，只有各个国家同意成立一个"全面的政治联盟"，也就是他们变得更像是一个单一国家，一个欧洲合众国。

欧洲人同意了珀尔要求中的第一部分。这种新货币会由一个旨在对抗通胀的独立央行管理，总部也设在德国。居民们能够自由跨越国境工作，但不会有一个唯一的、支配一切的欧洲政府来收税并在欧洲全境重新分配资金。欧洲人没有真正准备好成立一个欧洲合众国。

所以，数亿人被置身于一个狂野的实验中，所有在位的人都不承认这是个狂野实验：当十二个有着迥异经济形态的国家使用一种共同货币，会发生什么？

欧元是个奇迹！

在2001年12月31日午夜前，1万人聚集到法兰克福的欧元标志雕像周围，雕像就矗立在新的欧洲中央银行的总部外。午夜来临，欧元的纸币和硬币成了法定货币。当时烟花满天，还有各种发言。欧元的铺开涉及印制数十亿的欧元纸币以及更换成千上万台自动取款机，这是物流业的一次胜利。到了2月底，人们已经不再使用里拉、法郎、马克、比塞塔（西班牙货币）和德拉马克（希腊货币）了。从罗马帝国毁灭以来首次，整个西欧用上了同一种钱。

梦想成真了。不仅是把各国的桥印在共同货币的纸币上这种象征意义上的梦想，就连经济方面的梦想也成真了。很长一段时间里，西欧核心国家（德国、法国、荷兰）的人民和政府比起那些外围国家（葡萄牙、西班牙、意大利、希腊），能以低得多的成本借到钱。这些外围的国家有着更高的通胀和赤字，因此借款人会要求更高的利息来补偿风险。因为低赤字和低通胀是加入欧元区的条件，很多外围国家在20世纪90年代都努力地降低了赤字和通胀。他们做到这些之后，可以越来越便宜地借到钱。一旦这些国家加入了欧元区，欧洲银行监管者们就会对所有欧元区政府发行的债券一视同仁；在这些官员看来，希腊债券和德国债券一样安全。

到了21世纪初，当人人开始使用欧元的时候，利率已经完全一致。从图表上看，欧元的成功像是个奇迹。

不仅仅是借款的成本一样，一些在外围的国家也在经济上赶上核心国家。新世纪的头几年里，希腊、西班牙和爱尔兰都经历了超过平均水平的经济增长。欧元区还不是一个单一的、融合的经济体，但它正向着正确的方向前进。至少，当时感觉是这样的。

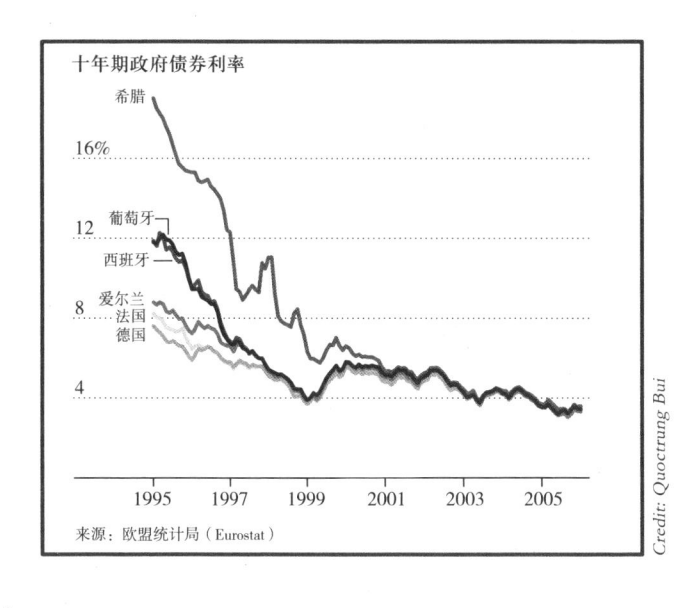

十年期政府债券利率

希腊
16%
葡萄牙
12
西班牙
爱尔兰
8 法国
德国
4

1995　1997　1999　2001　2003　2005

来源：欧盟统计局（Eurostat）

Credit: Quoctrung Bui

欧元是个陷阱！

2009年10月，希腊新总理在国家议会前发言，称就借贷和开支的金额而言，希腊政府撒了一个弥天大谎。国家的赤字不是上一届政府所说的6%，而是12%。

"游戏结束了。"欧元区国家的领导集团负责人几天后说道。他指的是希腊人经济数据造假这件事，但事后回望，这也暗示了一个大得多的游戏正在终结。如果把利率的图表往后延伸几年你就能看到这一点。

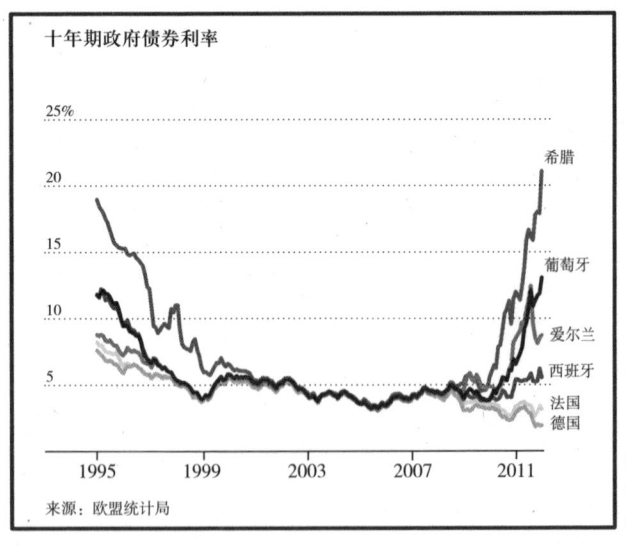

十年期政府债券利率

来源：欧盟统计局

Credit: Quoctrung Bui

突然间，没人觉得把钱借给希腊和把钱借给德国是一样的了。很快，他们开始担心起爱尔兰和葡萄牙，渐渐地，也开始担心西班牙和意大利了。

提高利率是个潜在的死亡陷阱。为了偿付更高的利息，国家不得不增税或者缩减开支。这会导致本已经很高的失业率进一步升高；进而，高失业率意味着更少的税收，让偿还债务更加困难。

有一种传统的办法能脱离这个陷阱：央行印钞，并在公开市场上购买政府债券。这能降低利率，从而鼓励公司贷款、投资并雇佣更多工人，带来更多的税收，让政府更容易偿还债务。还有另一个好处：较低的利率通常会拉低货币的价值，让该国的出口对外国买家来说更便宜。这个政策被用得太过头是件坏事，因为它会让通货膨胀失控；但合理使用会带来更多的消费、更多的岗位和更多的出口。对于一场金融危机来说这是个完美的解决方式。

但希腊（以及西班牙、葡萄牙和爱尔兰）已经放弃了德拉马克（以及比塞塔、埃斯库多和爱尔兰英镑）。他们没有央行来降低利率，没有可供贬值的货币。他们被陷阱困住了。

因此希腊向欧盟请求救援。作为答复，德国最受欢迎的报纸《图片报》（*Bild*）没有引用几年前一名政客口中的"欧洲共同体和欧元让我们强大"，而是改写了一个德国立法者在新提案里的一句话："卖掉你的海岛，破产的希腊人们。把雅典卫城也卖了吧！"

这是个根深蒂固的经典说法。国家需要救助是因为他们在道德上是孱弱的，特别是陷入最大麻烦的希腊。外围国家们需要向核心国家学习规范自己。

希腊有很严重的问题。太多政府雇员拿得太多干得太少。举个小小的例子，2010年，希腊某机构有全职员工三十人，其中包括主管的全职司机一人，负责管理雅典西北某个湖泊。看起来很合理吧，但问题是这个湖在1957年的时候就干了。

另外就是几乎没人交税。这也有个关于希腊对游泳池征收奢侈税的例子。在雅典北部的高档郊区，共有324名居民准时足额地为自家的泳池交税。直到税务官员看了看这个地区的卫星地图，他们数出了16974个泳池。

对于德国媒体上的煽动者们来说，类似的细节里有一种不合常理的愉悦感：堕落的希腊人是那些努力工作、愿意为保持低通胀而遭罪的德国人的完美反面。

但这种说法也有问题。其中之一就是，它把政府借了太多钱还撒了谎的希腊，同政府有盈余、问题来自对银行系统和房地产行业进行了投机行为的西班牙和爱尔兰混为一谈。

更重要的是，这种说法完全剔除了希腊以及其他突然陷入困境的欧洲国家由于借款和开支导致困境的成因，这也是德国造成的，甚至是德国从中获利的原因。德国的经济由出口推动，主要就是出口商品到欧元区的其他国家；但德国并没有从欧洲其他国家那里买入太多东西。如果不同国家拥有不同货币，这种不平衡就会推动德国马克升值，导致德国出口变得更贵，因此欧洲人就会少买德国商品。但因为欧元存在，这一切没有发生。因为大家都用一样的钱，德国商品依然便宜。

把各种商品卖给其他欧洲人得来的钱在德国堆了起来。德国人拿这么多钱干什么呢？他们把钱借给了南欧的人，这样他们可以买更多的德国商品！来自德国的贷款支付了看守着不存在的湖泊的希腊政府雇员的工资，以及在拉曼查（La Mancha）修建空置住宅的建筑工人的工资。然后这些工人借了更多的德国贷款购买大众汽车，要是借得够多的话，他们还会买奔驰。

从百年前的金本位时代起，就有一种把危机归为一个简单道德故事的冲动，如今其中有了谨慎克己的北欧储蓄者和大手大脚的南欧借款人。但在金本位时代，只要仔细审视发生的一切，就能让这个故事不攻自破。谨慎的储蓄者和浪费的借款人是一个硬币的两面。《金融时报》（*Financial Times*）专栏作家马丁·伍尔夫（Martin Wolf）写道："毕竟，借款要是找不到愿意借钱的人那就没法子了。资助了肆意挥霍再来抱怨自己选择的后果可以说太愚蠢了。"

这是我的钱，只要我愿意就能印更多出来

这些年发生在欧洲的一切颇像金融危机前的美国。而且，比起美国遭到的破坏，欧洲遇到的问题要严重很多很多。欧洲的经济遭到的冲击更大，持续时间更长，失业率也升得很高，它多用了好几年才跌回去。后果上的区别能很好地解释货币工作的原理，以及为什么一个国家能够控制自己的货币意味着巨大的权力。

一方面，美国和南欧这两个地方都是从一个出口国那里买东西和借款：南欧人把欧元汇到德国购买汽车和机

械；美国则是花美元从别国换回了日常用品。别国把收到的美元中的很大一部分借回给美国（大部分是以国债的形式），因此美国人可以从别国购买更多的东西。

但美国和南欧之间有着一个非常关键的区别：美国借的钱是美元，一种别国无法控制的货币。

金融危机之后，美联储进行了一系列的大规模干预，凭空变出了数万亿的新美元，在某些批评家的眼里（后来被证明是错的），这是加剧通货膨胀的根源，并会伤害美元的价值。这同时也会毁掉别国持有的所有美国国债的价值。这就是自己借自己货币的美妙之处：这是你的钱，只要愿意就可以印更多的钱。这也是希腊、葡萄牙、爱尔兰和西班牙在加入欧元区时放弃的权利。

美国和欧洲一样，都是由经济千差万别的地区组成。就像西班牙和爱尔兰一样，佛罗里达州和内华达州也有从银行贷款的热潮，住宅建设和房产价格也都热火朝天，在金融危机之后，房地产泡沫破裂，失业率上升。

但当内华达州的失业率在2010年达到14%的时候，数亿美元以失业保险和食品券的形式从联邦政府自动涌入。这些钱来自全国的纳税人，包括得克萨斯州和缅因州这样大体上避免了热潮和崩溃的地方。但得克萨斯州和缅因州的居民没有抱怨对大手大脚的内华达州人的救助。报纸上没有刊登社论攻击内华达州和亚利桑那州的肆意挥霍之风。

美国人会以美国人的方式看待金钱，而不是以纽约人、俄勒冈人或者其他具体地方之人的方式来看待金钱。他们向联邦政府支付的税款要远多于付给州政府的税，并且在州和州之间频繁迁徙，通常是为了找工作。他们依赖着一张主要由联邦政府兜底的安全网，他们存在银行里的钱也由联邦政府而不是州一级政府提供担保。

这些在欧洲都没有。哪怕人们可以在欧元区里自由迁徙寻找工作，但实际上欧洲人跨越国境的情况要比美国人跨州的频率低很多。工人可以申领政府养老金的年纪以及这些养老金的慷慨程度，国与国之间都大相径庭。（举个例子，比起德国工人，希腊工人能在更小的年纪退休，并获得慷慨得多的养老金。）每个国家都有自己的银行监管规定以及自己的财政部。

欧洲人，至少是那些相信"更紧密联盟"的人，总是想要打造一个统一的经济体，其中对每个人都有一样的规则。他们清楚，要想让欧元能行得通，欧洲需要更像是一个单一国家。"怎么重复也不为过：政治联盟是经济和货币联盟不可分割的一部分,近来的历史,不仅是德国的历史,教会了我们在没有政治联盟的基础上长期维持经济和货币联盟的想法就是谬论。"德国总理科尔很多年前就这样说过。

很多年来,欧洲人一直在忽视这个谬论。现在,这个谬论来打脸了。

2010年,当失业率达到10%,位于德国法兰克福的欧洲央行(European Central Bank,简称ECB)带着源自德意志联邦银行的控制欧元区价格稳定的意愿,没有印更多钱也没有降低利率,以鼓励企业借钱、多雇员工。然后,在2011年,银行终于行动了。但它采取的正是完全错误的措施,就像1931年的美联储一样。它提升了利率!这就是火上浇油!

在对希腊、葡萄牙和爱尔兰发起一系列救助的时候,欧洲央行的确同欧盟委员会以及国际货币基金组织(International Monetary Fund)进行了合作。但救助款带着条件,强迫政府降低开支、提高税率,结果推升了失业率,伤害了经济。

希腊、葡萄牙和爱尔兰和欧盟整体相比都是很小的国家。很明显他们可以在一系列资金不太充裕的救助下,一瘸一拐地永远支撑下去，还不用把欧洲其他国家一起拖下水。但在2011年，当欧洲央行提高利率，投资人们开始真的为体量大得多的西班牙和意大利感到紧张了。他们开始要求西班牙和意大利政府在借款时支付更高的利息，高利率让这些国家的政府陷入更困难的经济环境里。如果利率继续上涨，西班牙和意大利也许也需要救助了，或者它们可能会被迫脱离欧元区，用回自己以前的货币，这一定会引发经济上的混乱。

希腊和葡萄牙的问题是政治意愿的问题，欧洲和国际货币基金组织有足够的钱来救助这些国家。而西班牙和意大利的问题则不一样，它们累积的政府债务超过了1万亿欧元，远超欧盟和国际货币基金组织能够完全担保的范围。这些债务实在太大了，要想为这些债务提供担保，你真的要有凭空变钱的能力才行。

幸运的是，对欧洲来说，的确有个机构可以做这事儿：欧洲央行。解决办法回到了沃尔特·白芝浩于19世纪号召央行在危机中对外借款的呼吁上。提高利率是能导致经济崩溃的自我应验式寓言。欧洲需要一个愿意行动的央行来作为借款人的救命稻草，通过购入遇到危机的政府的债券来防止恐慌。

不惜任何代价

2011年，一位名叫马里奥·德拉吉（Mario Draghi）的意大利经济学家成为欧洲央行行长。德拉吉在15岁时就成了孤儿，独自照顾自己年幼的弟弟妹妹，后来和本·伯南克（Ben Bernanke）一起在麻省理工学院获得博士学位，并在十年时间里担任了十一届意大利政府的财政部部长。于私，于学识，于政治资本，他都适合这个职位。

德拉吉在欧洲央行行长任上的第三天就调低了利率，一个月之后再砍了一刀。降息起作用了，但还不够。2012年6月，西班牙的借款成本飙升至加入欧元区以来的最高点。意大利的借款成本也在升高。

"欧盟的未来会在接下来几天里明朗，也许就在未来几小时里。"西班牙外交部部长说道。他想要德国人也感到恐惧，所以他补充说："如果泰坦尼克号沉了，船上的所有人都得跟着沉，包括那些头等舱里的人。"

第二个月，德拉吉计划在伦敦的一场座谈会上发言。会议不是什么大事，德拉吉是去观看第二天的奥运会开幕式的。"没人想到这会是一个至关重要的事件。"另一名出席了座谈会的中央银行家后来说道。就在座谈会开始前，德拉吉对其他参会人员说："为什么你们不畅所欲言呢？我是不想说太多。"

最后，德拉吉确实没说太多。但在他开始发言后的几分钟，他说了三个改变欧元危机进程的词。无论德拉吉会被铭记多久，他都会因为这三个词被记住："不惜任何代价！"（"Whatever it takes！"）

"在我们的权限之内，欧洲央行准备不惜任何代价来捍卫欧元。"德拉吉说道，暂停了一下，"请相信我，措施是足够的。"

就差这句话了！几乎同时，西班牙和意大利借款的成本就开始下跌，而且还持续在跌。不久之后，德拉吉扩大了自己的承诺范围。欧洲央行宣布了一个新项目，让自己可以在出现大规模抛售的时候，购入欧元区政府的债券。欧洲央行不是真的必须通过这个项目购入债券，仅仅是这个承诺就足够终结恐慌了。借款的成本一直在跌，危机结束了。

进入 21 世纪，一个众所周知的事实就是，央行们最重要的工作之一就是做出让人们信服的承诺。德拉吉"不惜任何代价"的承诺极具意义，这还不是因为有某个勇敢的后续行动，该声明本身就是勇敢行动。那些通过抛售西班牙和意大利债券做空欧元的人突然看见自己是在和一个有权无限印制欧元以购入这些债券的人对赌，而且这人现在还说他正打算这么做。通过承诺要拯救欧元，德拉吉确实拯救了欧元。简直就是魔法！金钱就是信任，在现代世界，央行面对金钱有着绝对的权力，金钱的本质就是对中央银行家们的信任。

马里奥·德拉吉挺身而出拯救欧元是一个皆大欢喜的结局。但不那么欢喜的结局如下：

一种结合了某些希望（一个统一的欧洲）和恐惧（一个统一的德国）而诞生的新货币带走了数亿人民的祖国，也是一众民主国家的主权。他们的货币以及他们的命运，现在被攥在外国中央银行家的手里了。

第十五章

数字现金的激进梦想：想象一个无政府主义世界

现金是一种美妙的技术。它允许我走向一个陌生人，交出几张纸，然后抱着满怀的东西离开。这个陌生人无须知道我的任何信息，我也不用知道关于她的任何事儿，没有其他人需要知道我们之间的交易。我们还无须任何交易记录，现金本身就是交易记录。

大部分货币不是这样的。我活期账户里的钱不过是银行电子账簿上在我名下的一串数字。当我用储蓄卡买了东西或者通过手机支付了账单，一则新的记录被添加到了账簿上。账簿上的新记录（连同收钱商户账簿上对应的记录一起）就是一次交易。但无论银行怎么向我保证，这根本算不上一次私密交易。也许没人会知道这次交易，也或者我会被揪上法庭，出于这样或那样的原因，被一名检察官或心怀不满的合伙人强迫要求公开我开过的支票以及我在网络上进行的支付。几乎可以确定的是，亚马逊、威士、摩根大通银行等大量公司，都在拼凑我账簿上所有细节，试图搞清楚关于我的一切。

20世纪80年代早期，一位名叫戴维·肖姆（David Chaum）的计算机科学家意识到便宜、强大且能联网的计算机的普及即将把匿名、无法追踪的现金大规模改造成可追踪的账簿货币。他吓坏了，认为所有人也都应该为此感到害怕。"一个记录一切的社会的基础已经打下了，在这个社会里电脑可以被用来推断出个体的生活方式、习惯、地理位置，并和日常消费记录中的数据联系起来。我们的某些基本自由都会处在如今这种电脑化威胁之下。"在一篇写给美国电子计算机协会（Association for Computing Machinery）期刊的古怪预测性文章里，肖姆这样写道。

肖姆不仅是某个嬉皮士版本的卡桑德拉[1]，喜欢抱怨技术。我的意思是，他确实有嬉皮士的那一套：梳着马尾，

---

[1] Cassandra，古希腊神话中的预言家，她的预言都是真实的，但没人会信。——译注

开一辆大众小巴，混迹于伯克利。但他并非仅限于此。他还有伯克利大学的计算机科学博士学位，还是世界级的密码学（研究密码的学科！）和安全专家。在从事科技工作多年后，他相信自己已经发明了一种新的系统，让人们无须放弃隐私也能在数字世界生活。他找到了逃离银行账簿暴政的方法。

在一篇题为《能淘汰老大哥的交易系统》(Transaction Systems to Make Big Brother Obsolete) 的科技类文章中，肖姆描绘了一种在电子世界生存的新方式，这是一种新的交流方式，一种定义自己身份的新方式，以及最重要的是它是一种新的购物方式。他发明了数字现金。

在接下来的几十年里，某些世界上最大的公司（微软、花旗银行）会被肖姆的想法吸引。同时，一小群信仰自由论的激进程序员也对他的想法产生了兴趣，这些程序员认为可以借此帮他们建立一个没有国界的线上天堂。

大公司们会为打造拥有专利的数字现金支付天价；激进程序员们则无偿工作，通常利用的是自己的闲暇时间，并把写出的代码向任何感兴趣的人开放。大公司们最终失败了；激进程序员们获得了成功。

数字现金成了新潮流

1989年，在学术界待了十年后，戴维·肖姆决定要拯救隐私或者试着发财。他带着自己在过去十年积攒起来的专利（一个可以帮助提升金融交易表现的设备，同时还可以保护交易信息不被偷偷查看），创办了一家名叫"电子现金"（DigiCash）的公司。

这是iPhone被发明前的一代人，此时大部分人根本没有听说过互联网。肖姆设想了这样一个世界，一个你可以随身带着大小相当于一张信用卡的计算机的世界。人们可以从银行账户往卡里转钱，就像提取纸币一样。商店会配备读卡器，用来把现金从你的账户转到它们的账户里。商店的电脑会和银行的电脑交流，核实电子货币是不是真的。但聪明的部分在于，肖姆想出了一个系统，让银行既能核实电子货币又无法获知用户的身份。你可以买东西，但不必被录入老大哥的账簿。这就是数字的、匿名的金钱。

接下来的几年，大家突然间都决定数字现金就是下一个大事件了。"电子货币真的能成吗？必然的。"《连线》（*Wired*）杂志不出所料地写道。"作为一个蛮有用的东西，实体货币已经流通了几千年，但现在它突然不再那么受欢迎了。"

《纽约时报》杂志写道："现金正在消亡。所以才有了比特元（Bitbux）、电子币（E-Cash）、网支票（Netchex）、赛博金（Cybercash）、网络镑（Netbill）和数字现金，它们在专利与商标办公室（Patent and Trademark Office）注册后便涌入了市场。"

传说微软要给肖姆数百万美元，请他把"数字现金"融入自家的视窗（Windows）系统。肖姆拒绝了微软。花旗银行也拜访了肖姆，然后花了几年研发自己的电子货币系统。这会是一种由银行发行的全新数字现金。联邦政府秘密测试了好几年，其中一个测试项目是让政府雇员用花旗银行的数字现金买了几万台戴尔电脑，还从一家烟草公司收到了数字现金交的税，总额在3.5亿美元左右。

喜欢就任何过度监管提出警告的美联储主席艾伦·格林斯潘（Alan Greenspan），也反对对数字现金的过度监管。"我尤其担心我们有没有试图过度阻碍最新的发明电子货币。"他说道。（很久以后，在金融危机之后，格林斯潘会说他警告过过度监管。）

1994年，发明了万维网的蒂姆·伯纳斯－李（Tim Berners-Lee）邀请肖姆为日内瓦举行的"第一届万维国际会议"（First International Conference on the World Wide Web）做开幕发言。1995年底，肖姆的电子现金公司已经在与美国、瑞士、德国、澳大利亚和日本的银行进行合作了。

技术已经到位了。大量的金融机构也为之站台。电子现金所需的临门一脚就是被大家用起来了。

但当涉及隐私时，无论普通人怎么说（"我们当然看重隐私！"），人们的行为显示他们其实并不是太关心隐私。随着人们开始在网上购物，他们没有选用私密的电子现金。相反，他们用了自己的信用卡。这特别容易被跟踪，完全不安全，还要缴纳高额费用，但同时它也极度方便。

花旗银行从未向大众推出自己的数字现金系统。电子现金公司也在1997年的时候破产了。比特元、网支票和赛博金也再没人听到过。"数字现金最终不过是为了寻找问题而编出的答案。"《经济学人》在1998年的一篇题为《保持变革》（Keep the Change）的文章里写道。

但哪怕企业版本的数字现金在消亡，一个由自由派程序员组成的松散组织却把肖姆的想法用作一个更加激进的版本的核心。他们幻想数字现金不仅要取代纸币，还可以更好。他们幻想有一种新的金钱，不仅完全拥有纸币的匿名特性，还没有纸币和现金从现实世界里的一地转移到另一地时会遇到的限制。他们意识到数字现金能创造一个无国界的自由派天堂。

全世界技术自由派，联合起来！

蒂莫西·梅（Timothy May）是在1986年自己34岁时就从英特尔退休的物理学家和工程师。他当时在圣克鲁斯（Santa Cruz）外买了一栋房子，天天在沙滩上散步，并把阅读当成工作。他读科幻小说，也读哲学，还读了很多很多科技期刊。之后的一天，他读到了戴维·肖姆的《能淘汰老大哥的交易系统》，这篇文章改变了他的人生，也许，也永远地改变了金钱的历史。"就是它了！这就是未来了！"他想到。

梅轻易就被肖姆关于电子现金的承诺震撼到了。身为一名工程师、一位自由派以及一个科幻小说迷，他领会到了技术的微妙细节，个人面临的风险，以及重大社会变化的可能。确实，他的视野比肖姆本人看得还远。所以梅采取的行动正是那种当你意识到可以改变世界，而且自己没有工作还和一只名叫尼采的猫住在一起时，一定会采取的行动：他写了一份宣言。

"一个幽灵困扰着现代世界，"他写道，源自经典的比喻之枪开火了，"加密无政府的幽灵。"

梅的看法是激进的。他不是认为税太高了，而是完全反对征税这个概念。他反对民主，也讨厌"95%成员都是乌合之众"的社会。能削弱美国政府在他看来挺不错的。"加密无政府主义者宣言"，不完美、很宏大，还略带挖苦，是对有着类似想法的激进分子的呼唤。

> 两个人可以在不知道彼此真名实姓、合法身份或其他东西的情况下，交换信息，做生意，订立电子合同。在网络上进行的交易将无法被追踪……这些发展会彻底改变政府监管的性质、征税的能力和对经济活动的控制……
>
> 政府当然会试着减缓甚至终止这种技术的扩散，理由是对国家安全的担忧，害怕毒贩和逃税者对这种技术的滥用，以及对社会分裂的恐惧。很多这一类的担忧都是真的，加密无政府主义会让国家机密被自由

地交换，也会允许非法的东西或者赃物流入交易……但这不会终止加密无政府主义的扩散……

奇怪的是，这份宣言起效了。

但不是立竿见影地起效。1988年，当梅在由肖姆于圣芭芭拉（Santa Barbara）组织的一场密码学活动上分发传单的时候，似乎没人对他感兴趣。可在接下来的几年里，一个自由派程序员组成的社区开始围绕着梅和他的宣言成形。

1992年，他们聚在奥克兰（Oakland）的一栋房子里。这栋房子刚被一个叫埃里克·休斯（Eric Hughes）的数学家买了下来，他当时刚结束了肖姆委派的工作，从荷兰回来。因为埃里克还没有买家具，所以参加聚会的人都席地而坐。梅用朗读宣言拉开了派对的序幕，大家爱死这份宣言了。他们玩了一个密码游戏，晚餐吃了泰国菜，人们还在地板上将就睡觉。

一个参加了派对、名叫朱迪·米宏（Jude Milhon）的记者认为这个群体需要一个比"加密无政府主义者"（crypto anarchist）更精简的也不那么吓人的名字。她把他们称为加密朋克（Cypherpunk）。这是类似赛博朋克

（Cyberpunk），但非常喜欢加密技术的一帮人。

加密朋克这个名字相比加密无政府主义者有了更大的空间。对我们这个故事尤其关键的是，他们不仅仅对理论感兴趣，还想要写出能够改变世界的金钱的代码。

"在一个公开社会里保有隐私需要一种匿名的交易系统。直到现在，现金一直都是这种系统的首要组成部分。"埃里克·休斯在1992年的另一份宣言里写道。这份名为《加密朋克宣言》（*Cypherpunk's Manifesto*）的文件没那么宏大，比起梅的宣言要更专注、聚焦。与其说它是一份要被载入史书的宣言，不如说是一声号召开工的呼唤。

> 我们，加密朋克决心打造一个匿名系统。我们誓用密码学、匿名邮件系统、电子签名以及数字货币来守护自己的隐私……
>
> 加密朋克会编写代码……我们的代码向全世界所有人免费开放。我们不在意你赞不赞同我们写的软件。我们清楚软件是无法被摧毁的，一个广泛分布的系统也是无法被关闭的……
>
> 加密朋克们将积极地投入，让这个网络对隐私来

说更安全。让我们一起加速前进。

出发。

发明数字的、匿名的现金非常困难

加密朋克们需要跨越数字革命中某些看不见的阻碍。他们需要的是某种无法被追踪的电子现金,它不会迫使他们要去相信一个类似数字现金的公司,更无须去相信微软或者花旗银行(谢天谢地)。他们需要的是一种无须依赖对任何人的信任的电子现金。他们想要信任这种金钱本身,就像相信黄金一样。

但这很难。以简单的纸币为例,它其实一点也不简单。在中国那张有着千年历史的纸币上,一半的空间都留给了伪造纸币可能被判死刑的警告。而且那张纸币本身就很可能是张伪钞!加密朋克们的电子现金没法借由国家暴力的威胁来吓跑伪钞制造者,并且绝大部分电子文档都可以被任何一个知道复制、粘贴功能的人伪造。

这是一个相当困难的技术难题。但是,和宣言里说的一样(加密朋克会写代码),这些加密朋克开始着手写代码了。

第一个突破发生在加密朋克们举行首次会议的五年后，是由一位名叫亚当·班克（Adam Back）的英国教授实现的。他当时正在试图解决一个21世纪90年代中期把每个人都搞疯了的难题：垃圾邮件。

加密朋克们使用的是能匿名发送邮件的软件。但同样的软件也是垃圾邮件发送者的心头好，后者用类似软件发出了数以百万计、无法被拦截的垃圾邮件。1997年，班克给加密朋克们群发邮件，分享自己写的一个程序，说"能让垃圾邮件发送者在一夜之间失业"。

几年之前，两名计算机科学家，辛西娅·德沃克（Cynthia Dwork）和莫尼·瑙尔（Moni Naor）已经发表了一篇名为《经处理定价，或者对抗垃圾邮件》（Pricing via Processing, or Combatting Junk Mail）的论文。文章的基本理论就是要求电脑在发出一封邮件之前做一点点运算。这个运算也许要花上几秒钟，这对于普通人来说因为耗时太短而毫无影响，但对于每分钟要发出几千封垃圾邮件的人来说，运算累积的时间就足以摧毁他们的商业模式了。

班克把这个理论用到了实处，要求发送邮件的电脑执行一种叫作"哈希"（hash）的运算。在班克的系统里，找到哈希运算的正确答案很难，邮件发送者的电脑不得不做大量的运算。可一旦找到了答案，让另一台电脑来验证答案是否正确就很简单了。所以班克让邮件发送者的电脑执行难度大的运算，并把答案附在了发出的邮件里。然后由收信人的电脑验证这个"哈希"是否正确。班克把这个程序称为"哈希现金"（hashcash）。不同种类的哈希现金被一堆反垃圾邮件的软件采用了，包括微软发布的一款。

哈希现金解决了创造电子现金的第一个问题：如何阻止电脑生成无限数量的现金。通过借助一个位于体系中心的机构，戴维·肖姆首先尝试来解决这个问题。但加密朋克们的梦想是将稀缺性嵌入电子现金本身，因此买家和卖家不需要信任任何中心机构。班克的提议就是个优雅的解决方式。任何想要哈希现金的人必须进行一定运算才能得到它，电脑运算耗费的电费尽管看起来很低廉，但它创造了稀缺性。

肖姆的数字现金就像是一种法定货币，是由中央银行控制的。班克的则更像是黄金，至少在一个方面类似黄金：任何拥有资源和意愿的人都可以开采黄金，任何拥有资源和意愿的人都可以创造哈希现金。

但还有个核心要素让哈希现金不像黄金，这个要素导致了哈希现金不像是能帮助加密朋克们梦想成真的那款电子现金。因为每个哈希现金的"邮戳"都是针对特定收件人定制的，且只能使用一次，所以它和现金还不一样。

* * *

加密朋克们面对的这个问题感觉是个矛盾。要想创造电子现金，他们就不得不阻止一个人把同一块钱花上两遍、三遍或者一百遍。经典的解决方式是在一本账簿上记录每个人的收支情况。他们可以打造一个匿名的账簿来保护用户隐私，但这正是肖姆做过的。可他们还是需要某个受信任的中间机构来管理这个账簿，记录所有交易。

1998年，一个名叫戴伟（Dai Wei）的程序员提出了一个颠覆性的建议。也许我们不需要一个单一的、位于中心的中间机构来管理账簿，也许我们可以让所有人都来管账。创造匿名电子现金的方式是让所有人在任何时候都可知道所有信息：每一笔余额、每一次付款、每一个时刻都清清楚楚。"每个参与者持有一个（独立的）数据库，其中记载了每个假名名下的钱。这些账户共同决定了钱的归属。"戴伟写道。他把这个系统称为b-money。

和哈希现金一样，电脑可以通过解谜来生成 b-money。当一台属于某人的电脑，比如爱丽丝的电脑吧，解开了一个谜题，电脑会把答案发给这个网络上的所有人。每个人都会验证这个答案，然后把新生成的 b-money 添加到账簿上爱丽斯的户头里。

如果爱丽丝想要付 5 个 b-money 给某人，比如鲍勃吧，爱丽丝会发一条信息给所有 b-money 用户的电脑："我，爱丽丝，正在向鲍勃支付 5 块钱。"所有人的电脑首先会检查爱丽丝的户头上是不是至少有 5 块钱。如果她没有那么多钱，这条信息会被忽视。如果她有，则每台电脑都会从爱丽丝的户头上扣减 5 块钱，并在鲍勃的户头上加上 5 块钱。（为了保持匿名，大家的账户不是挂在真名下的，而是在由字母和数字组成的密码化名之下。）

这一切很美，但有一个缺陷，并且戴伟一开始也知道。这个系统"不够实用，因为它要大肆使用一个同步的、不能被阻塞的匿名广播频道"。换句话说，所有人必须随时在线，即时交流，且不能被打断。否则就会有人错过某条全网发送的交易信息，然后账簿会对不上，那就不知道谁到底有多少钱了。

加密朋克们互相交流着戴伟的想法。一些人基于这个想法建立了系统，其中一个人把某个系统命名为"比特金"（bit gold）；另一个人为被自己称为"可重复利用的解密证明"的程序编写了代码，这也是基于哈希现金建立的。

然后，2008年8月，戴伟收到一个陌生人写来的邮件。"我对你描述b-money的页面非常感兴趣，"邮件开头写道，"我准备发布一篇在你的想法上拓展出一整个可行体系的论文。是亚当·班克（hashcash.org）注意到了我俩的相似之处，把我引向了你的页面。"

这篇论文当时的标题也包含在了写给戴伟的邮件里，是《无须依靠受到信任的第三方的电子现金》（Electronic Cash Without a Trusted Third Party）。两个月后。这个陌生人在网上发布了更新标题后的论文，新标题为《比特币：一种端对端的电子现金体系》（Bitcoin：A Peer-to-Peer Electronic Cash System）。

比特币！

几乎可以肯定的是发明比特币的陌生人不叫中本聪（Satoshi Nakamoto），但这是比特币论文作者的名字，也是给戴伟写邮件的人的落款，同时也是那些加密群发、鼓吹比特币的邮件中的比特币创始人（或创始人们）的名字。当时没人知道，在我写这本书的时候也依旧没人知道，谁是中本聪？

中本聪可能是一个住在新西兰地下堡垒中的加密朋克，或者是伦敦一家银行的高管。他可能是一个神父，他也可能是一个罪犯，或者他们可能是一个密谋统治世界的阴谋集团。但比特币最核心的天才之处在于：它根本不在乎中本聪是谁。

如果一家银行的CEO疯了，或者美联储主席想要徇私枉法，都会导致大灾难。这些机构依赖的是负责人所做出的选择；而比特币的核心是没人能负责。（当然你也可以说每个人都负责，但最后都是一样的。）以典型的加密朋克的风格，中本聪不持有比特币的专利。所有的代码都放在网上向所有人公开，并且可以按照人们的意愿去使用和修改。

一直以来，金钱在任何地方都是基于信任的。现代货币建立在对发行货币的政府的信任上；比特币也建立在信任的基础上，但比特币的梦想是你无须信任一个政府，或一家银行，又或者中本聪本人，你只需要信任这些代码就可以了。

并且比特币的代码非常聪明！中本聪从班克的哈希现金以及戴伟的 b-money 上获得了灵感，并在其中添加了一些绝妙的修改，这让比特币成为加密朋克们多年来梦寐以求的东西：一种（某种程度上）匿名的、类金钱的东西，买家和卖家可以在不依靠任何银行或者科技公司的情况下完成线上交易。2008 年万圣节，中本聪发表的那份仅 9 页的论文里，把一切都说明白了。

比特币基于所有人参与管理的账簿运行。当爱丽丝想给鲍勃 5 个比特币的时候，她会发一条消息给所有人，就像 b-money 一样，使用的是自己化名拥有的密匙："亲爱的各位，我正向鲍勃支付 5 个比特币。"之后网络上的所有人就会在共用的账簿上更新，再把比特币转入鲍勃的账户。

这正是戴伟想出来的系统，但之前因为不够实用而被拒绝了，原因是它需要所有人都让电脑保持运行，并且彼此相连，随时处理着体量巨大的账簿。怎么会有人愿意这么做呢？中本聪对这个问题的回答也许就是比特币最重要的创新：持续运行且彼此交流比特币账簿信息的电脑会得到新诞生的比特币作为报酬。

工作流程如下：

- 每一笔新的交易都会向全网广播。
- 网络上所有电脑都会记录这些交易，并且同时也尝试解决一个问题。（解决问题的想法可以回溯至亚当·班克的哈希现金）
- 第一个解出问题的电脑发出答案，同时发出的还有账簿上最新的交易信息，网络上所有的电脑都会收到此二者。这条记录被称为"区块"（block）。
- 网络上的电脑检查确认对问题的解答是否正确。一旦它们确认了，又会在新的区块里记录新的交易并且开始试着解决下一个问题。
- 每一个记录了信息的区块都和前一个区块连在一起。这样一来，比特币所有的交易记录就都永久地连在了一起。在白皮书里，中本聪称其为"区块的链条"。很快它有了个略短一点儿、漂亮得多的名字：区块链。

2009年年初，中本聪公布了比特币的源代码。任何人只要愿意，无论身处何处都可以下载这些代码到自己的电脑上并开始解决计算问题，打包记录了交易信息的区块，以及赢取比特币。

每一个区块的赢家会得到 50 个比特币，当时，这些比特币几乎一文不值。但至少，刚开始的时候比特币很容易获取。"我把最开始的难度设定得出奇的低，因此在一小段时间里，一台普通个人电脑可以在几小时内挖到比特币。"中本聪在早期一封写给加密社区的邮件里说道。如果人们加入这个网络，难度就会提升，无论有多少台电脑在比特币网络上试着解决问题，每十分钟都会产生一个新区块。

和黄金一样，世界上能够存在的比特币数量是固定的：总共 2100 万个。它们经由写进了代码的严格日程来发放。一开始的四年，每个区块的赢家能拿到 50 个比特币。之后的四年，奖励降到了每个区块 25 个比特币，每隔四年再减半，直到奖励变成一个比特币的一小部分，最后，2140 年的时候，2100 万个比特币的最后一部分就会被挖出来。"当一切结束时，系统可按需决定要不要收取交易佣金。"中本聪写道。他已经有了非常长远的安排。

就在比特币代码被公开之前，中本聪已经创造了比特币的第一个区块。还带上了一点点超出必要程度的戏剧性，这个区块被称为"创世纪区块"（genesis block），区块里包含了一点额外的文本：那是 2009 年 1 月 3 日《泰晤士报》(Times of London)首页的头条。这意味着它证明了创世纪区块是在这个日子或那之后诞生的，和被绑架的人手持当天报纸拍照以证明自己还活着一样。但选这个特定头条，以及专门选自这份报纸，传达的信息可不只是一个日期：

00000070 00 00 00 00 00 00 FF FF FF FF 4D 04 FF FF 00 1D......ÿÿÿÿM.ÿÿ..
00000080 01 04 45 54 68 65 20 54 69 6D 65 73 20 30 33 2F ..E**The Times 03/**
00000090 4A 61 6E 2F 32 30 30 39 20 43 68 61 6E 63 65 6C **Jan/2009 Chancel**
000000A0 6C 6F 72 20 6F 6E 20 62 72 69 6E 6B 20 6F 66 20 **lor on brink of**
000000B0 73 65 63 6F 6E 64 20 62 61 69 6C 6F 75 74 20 66 **second bailout f**
000000C0 6F 72 20 62 61 6E 6B 73 FF FF FF FF 01 00 F2 05 **or banks**ÿÿÿÿ..ò.
000000D0 2A 01 00 00 00 43 41 04 67 8A FD B0 FE 55 48 27 ....CA.gŠý°þUH'

（其中加粗部分组成的文字是：《泰晤士报》2009 年 1 月 3 日，财政大臣即将实施第二轮银行紧急援助）

比特币是真正的技术进步。它解决了一系列困扰一群非常聪明的人长达二十年的问题，它也促成了无须依赖受信任的中介就可存在的电子现金。但比特币也受益于金融危机这个时机，此刻正是过去从来没有关注过金钱的意义的数亿人突然间意识到自己非常不信任那些曾受信任的中介的时刻。

"传统金钱的根本问题在于它要成为金钱的话，需要毫无保留的信任。中央银行必须受到信任，信任它不会去削弱金钱，但在实体金钱的历史上则充满了对这种信任的背叛。银行们也必须受到信任，信任它们会保管我们的存款、执行电子汇款，但它们在一波又一波的信用泡沫中把钱贷了出去，收回的几不可计。我们不得不把隐私交给它们，信任它们不会让身份盗贼们清空我们的账户。"中本聪于2009年2月在给一个交流版的内容里写道。

在（对银行的）信任位于低点的时候，比特币似乎解决了这个要信任别人才能让金钱能用的问题。你需要做的不过是相信代码。但最后，比特币也被证明了和其他种类的金钱一样，它也依赖于人类的混乱。

一枚比特币值多少钱？

当你有了一种新的钱，并且这种钱无法用固定的汇率和美元、黄金或其他任何东西进行兑换的时候，那这种新钱到底值多少呢？有两个显而易见的答案：

1. 人们愿意为其支付的任意价格。

2. 一文不值。

如果你想在这个问题上表现得严谨，也可以说第二个选项是第一个选项的一部分，但无论如何，第二个选项是长期以来人们对比特币的主要认知。2010年，在第一枚比特币诞生一年后，程序员以及比特币的早期支持者加文·安德烈森（Gavin Andresen）开设了一个名叫"比特币水龙头"（bitcoin faucet）的网站，向人们免费分发比特币，后者只需要登录网站、开立自己的比特币地址即可。"没有别的规定，我想要比特币成功而已，所以我推出了这个小小的服务，送你初始的比特币。"加文在网站上写道。

与此同时，佛罗里达州杰克逊维尔（Jacksonville）一个名叫拉斯洛·汉耶茨（Laszlo Hanyecz）的人决定地球上是时候有人用比特币来做做你用钱能做到的事儿了：买东西。所以他做出了一个显而易见的选择。深夜12点35分，他在一个主要的比特币论坛上发帖，标题是"比萨换比特币？"。

我愿意支付1万个比特币来买几个比萨……也许

要两个大号的，所以还能剩一点留到明天。我喜欢吃剩下的比萨当零食。你可以自己做好比萨然后送到我家来，或者从可以外送的地方点给我……如果你感兴趣，请联系我，我们再来看看怎么做。

多谢，

拉斯洛

几天后，一个19岁的加州居民通过线上聊天软件联系了拉斯洛。拉斯洛给他发去了1万个比特币，而这个青年联系了杰克逊维尔的棒约翰（Papa John's）比萨店，点了两个比萨和配套的东西送到拉斯洛家（他是用信用卡付的比萨钱）。此时一个比特币值多少钱？如果价值30美元的比萨换来了1万个比特币，意味着每个比特币相当于三分之一个美分。几乎就是一文不值了。

这当然是个噱头，把那些比萨称为是比特币买到的第一个东西感觉有点不对，但我愿意把这个第一归功于拉斯洛。这是个有趣的噱头，它抓住了比特币的某个特别时刻，展示了它的轻便和希望，以及它的滑稽和小圈子性质。如同学校影音俱乐部的成员们搭好了广播系统，敲了敲麦克风，在空荡荡的房间为彼此清唱滑稽小调的时刻一样。"这玩意儿打开了吗？"

演出即将正式开始。人们就要开始用比特币购物了，相关的购物场景也会变得更黑暗。这是一种加密朋克们梦想了二十年的东西，而它被一个新一代信仰者带到了世间。

黑暗比特币

2012年，一个自称恐怖海盗罗伯茨（Dread Pirate Roberts）的人写道："好几年来，我想要的世界和现实世界之间似乎有着无法逾越的障碍，我因此感到沮丧和失败。"对于一个有些想法的、努力想找到自己在世界上的位置的二十多岁年轻人来说，这是典型的情绪，这正是恐怖海盗经历的，直到他发现了自己的目标。

"但渐渐地我找到了一些我能够全身心认同的东西。某些有意义的东西，它简单、优雅，在所有方面都自洽。"他找到的是名为"无政府资本主义"（anarcho-capitalism）的激进自由主义分支，这一分支坚信市场即自由，政府即专制。罗伯茨决定，高尚的行为就是去黑市上做买卖。

恐怖海盗罗伯茨意识到自己生命的目标是成立一个供人们买卖毒品的网站。他很快意识到比特币这种能用化名持有的电子现金，是让这个网站能行得通的办法。

他把网站起名为"丝路"（Silk Road）。这是为大麻、摇头丸、阿片类药物、致幻剂等任何进入身体都属于违法的东西匹配买家和卖家（也就是毒贩）的地方。网站上的信息颇有 Craigslist[1] 的味道，但风格更毒贩一点：

5 克未切割可卡因！！

高质量 4 号海洛因，块状

至少在某一个方面上，比特币和其他东西一样：当需求超过了供应，价格就会上涨。现在人们有了获取比特币的理由，比特币兑美元的价格开始上涨。2011 年初，你还可以用 1 美元换一个比特币。当高客网（Gawker）6 月刊载了关于"丝路"的第一篇主流媒体报道之后，汇率冲到了 30 多美元兑一个比特币。

2013 年，联邦调查局逮捕了一个名叫罗斯·乌布利

---

1 美国大型分类广告信息发布网站。——译注

希（Ross Ulbricht）的男子，调查局称他即是"丝路"的创始人恐怖海盗罗伯茨。乌布利希受审后，被判毒品交易罪以及密谋洗钱罪。"（丝路）宣称的目的超出了法律的许可，"乌布利希的法官在宣判时说道，"在你创造的世界里，不存在民主。"她判决乌布利希终身监禁，不允许保释。

无政府资本主义，但不是无政府状态

2013年，距离乌布利希被捕仅过了一个月，负责国土安全的参议院委员会就比特币举行了一次听证会。每个人都尽职尽责地列举了人们使用比特币犯下的坏事。然后，有点令人震惊的是，会场的气氛变了。一名司法部律师作证说"有很多对比特币的合法使用"。"这些虚拟货币本身不是非法的。"他说道。一名负责处理金融犯罪的财政部官员听起来更像是一个乏味的风险投资人。"创新是我们经济中非常重要的一部分。"她说道。《华盛顿邮报》称这次听证会是一场"爱的盛宴"。

发生了什么？

硅谷已经敞开怀抱，将比特币视为下一个大势了。比特币能终结民主暴政的说法已经减少了，更多的则是如何为线上交易提供更低的交易成本。"零交易成本的诱惑非常大，对一个大型产业也就是支付产业来说，这是极具颠覆性的。"2013年5月，一名风险投资人这样告诉《华尔街日报》。("极具颠覆性"和"大型产业"就是风险投资领域对"这里可以赚大钱"的说法。)

这个观点没有加密无政府主义者宣言的那种历史使命感，但对于想要变得更有钱的富人来说则非常令人兴奋。同时，更低的交易成本对所有人都有好处，除了现在收取着高额交易费用的支付公司。来自风险投资的巨量美元开始涌入研发比特币钱包、比特币交易所的初创公司，以及设有"使用比特币购买"选项的线上零售商。

这是无政府资本主义，但不是无政府状态。比特币就这样奇怪地进入了日常。随着比特币的合法性愈发清晰，以及它也不会很快垮掉或者消失干净，越来越多的人开始用美元换比特币。美元和比特币之间的汇率在乌布利希审判的前后冲到了超500美元换一个比特币。

人们开始组装专门的电脑用于挖比特币，也就是解决比特币软件给出的问题并获得比特币奖励。然后他们开始用一排排的挖币机器装满巨大仓库。这些机器太过耗电，以至于比特币矿工开始满世界寻找电力便宜的地方，好降低挖币成本。巨大的比特币矿场雨后春笋一样出现在冰岛、蒙古。

这样的增长带来了新的问题。其实它也是个老问题，不过最近又急迫了起来。比特币的网络每秒钟大概只能处理五次交易。相比之下，维萨信用卡的网络每秒钟可以处理2.4万次交易。比特币的这个交易处理能力可不是即将成为新的世界货币者应有的技术。

比特币和其他类似东西一样，是一个软件：是一串串的代码，是用计算机语言C++写出来的，世界上任何人都可以下载并对这些代码做任何事儿。和所有软件一样，比特币也需要随着时间调整。而一个直接的调整就可以解决交易数量受限的问题，那就是允许每个区块包含更多的交易数量。

但随着调整变多，也出现了相应的代价。更大的区块尺寸会让普通人更难下载并运行比特币软件，也让比特币更加远离去中心化、平等主义的理想，反而更接近公司化的、集约化的未来。这个代价值得吗？

如果比特币是由一家公司管理的，CEO就会开会，和顾客沟通，考虑成本和收益，然后决定要不要做出这个改变。但比特币不是由公司管理的，这里没有什么CEO。其全部意义就是无人管理。所以谁来决定需要做出什么改变呢？每个人！

所谓的官方区块链就是由大部分挖币电脑的处理器来定义的。另外，任何人都可以随意使用比特币的代码，将其修改后创造自己的、新的、升级版本的比特币。这听来很混乱，确实也挺乱的，但这也是比特币一直以来的目标。

关于增加交易数量限制的争论，也是让比特币网络更快但更不民主的争论，被称为"比特币内战"（bitcoin civil war），某种程度上这也是关于比特币是否可以或何时能够像真的货币一样运行的争论。一方是认为比特币最重要的功能就是可以轻松用它来买东西的人。这是货币的优点啊！这些人也是想要增加区块尺寸的人。

另一方的人们则想要确保任何有意愿的人都可以下载并运行比特币软件。这些人说起比特币的时候更像是在聊黄金这种稀有的值钱东西，他们认为我们不应该过度干预。他们还说，哪怕是小尺寸的区块也渐渐能为交易问题找到技术上的解决方式。（该想法是设计出位于比特币核心层之上的软件，减少需要经过核心系统的交易数量。）

为此有过峰会、会谈和协议，然后对协议又进行了更改，最后大家都放弃了达成一致的努力。支持大区块的人发布了对立的货币，他们称之为比特币现金（bitcoin cash），比起现有比特币所允许的，其每秒交易数量要多得多。支持小区块的人坚持使用比特币。每个人都在生彼此的气，他们从来没能达成一致。

与此同时，人们发行了数以百计的替代加密货币（alternative cryptocurrency）。它们都基于区块链，但有各自的变化。它们承诺要给出更好的匿名性或者相对美元而言更稳定的汇率。它们还承诺会有全新的行业诞生于区块链中。这其中的一些加密货币获得了大量追捧，并有了数十亿美元的估值。它们大部分都失败了，成了人们口中的垃圾币。

最终，脸书（Facebook）开始开发自己的数字货币。换句话说，一种最早诞生于"淘汰老大哥"这一想法的技术现在被一家因搜集了数十亿人海量信息而成功的公司摘了果子。但至少直到2020年初，脸书也都没有发布自己的数字货币。

这个新的宇宙还在膨胀，但比特币一直处在中心位置，比任何其他加密货币都要值钱得多。

2020年初，比特币矿工已经达到了非常巨大的规模，他们控制了比特币网络上绝大部分的运算能力，并且比特币代码的编写方式也让他们能控制整个系统。那些控制着矿机的人不是算法，是拥有感情和自我意识的人类，他们可以操控比特币的未来。

"我过去认为比特币就是'相信数学，相信代码'，但我的想法已经变了。这是一个社区，也存在着共识。这里面是一个个的人。"程序员、早期比特币传道者加文·安德烈森说道。

安德烈森是拿到中本聪代码的第一人，也是因为如此信任这个体系而送出了数千个比特币的人，但他终于对比特币内战心生厌倦，从而彻底离开了比特币的世界。（提一句，在比特币内战中，安德烈森支持的是更大的区块。）

比特币价格

随着极客们为了比特币的未来争论不休，比特币和美元之间的汇率一直在涨，越涨越高，最后完全疯了。不久之后，汇率会跌下来，但它比起之前也要高得多。即使是在比特币价格崩盘之后，你也可以用一个比特币换到好几千美元。

这通常被那些为比特币而兴奋的人视作好事，不仅是因为他们相信美元将不可避免地失败，并已用美元换来了比特币，他们的兴奋点在于可以用比特币换回很多很多很多很多美元的预期。简单来说，买比特币早的人都发财了，这让他们因比特币而开心。

但是！对于那些想让比特币成为金钱（成为普通人因为关心隐私而使用或者对商人来说是比用信用卡付款更便宜的选择，又或者因为任意原因使用比特币）的人来说，比特币价格的狂野上涨就是一场灾难。

拿一个相对平静的年份 2016 年来举例吧，这是比特币价格疯狂上涨的 2017 年的前一年。当年，比特币对美元的汇率翻了一倍还多，达到 952 美元兑一个比特币。如果我们身处一个比特币就是真钱的世界，我们收到比特币支付的工资，贷款贷到的也是比特币，并且用比特币买日用品，那比特币价格如此幅度的上涨则会导致比大萧条时期糟糕得多的通货紧缩。突然间就需要干两倍的工作才够偿还学生贷款或者房贷了。这会摧毁整个经济。

或者用 2018 年做例子，当时比特币的价格从每枚 1.3

万美元左右跌到了 4000 美元上下。在一个人们使用比特币的世界里，这意味着一年之内价格翻了三倍，这是美国自独立战争以来所见过的、比所有通货膨胀都糟糕得多的情况。

确实，人们甚至不会用"汇率"来描述比特币和美元的关系，而是讨论"比特币的价格"。还把现有的比特币数量和每个比特币的价格相乘，将此结果称为比特币的"市值"。可没人这样来谈论金钱。

比特币的支持者声称价格上涨使比特币已经成为一种"价值贮藏"手段。这个表达描述的是金钱的传统属性之一。但价值贮藏意味着，某种东西大致上一直保持着稳定的价值。如果 100 美元能买到你家如今一周所需的日用杂货、食品，那它在一年后也能买到差不多够用一周的东西的概率很高。美元就是很好的价值贮藏手段（它的趋势是每年会损失掉 2% 的价值）。

如今可以买到一周所需东西的比特币可能在一年后只能买到够用一天的东西了，或者它能买下整个杂货店。在哪种意义上，它都不是一种好的价值贮藏手段。

那些声称比特币是价值贮藏手段的人的意思，或者至少换一个更合理的说法，就是比特币已经成了一桩投机生意。比特币是因为成为人们认为可在未来以更高价格卖出的东西而被购买，尽管人们也承认他们有可能被迫低价割肉。总体来说，这不是货币的有用特性。

金钱的历史基本上就是在人们没有意识到的情况下，某些东西成为金钱的历史。银行票据、之后的银行存款，一开始都是债务的记录，然后悄咪咪地成为完全形态的金钱。影子银行在任何人想出这个名字之前生长了几十年，只有在危机时刻，当其中的东西突然变得不是钱的时候，大家才在四下看看后说，好吧，我觉得银行票据、存款和货币市场共同基金现在也是金钱了。

电子货币的历史则是完全相反的。某个人，比如戴维·肖姆、中本聪，有了一个特别聪明的技术突破。然后他们爬到山顶向世界宣布："现在有一种新的金钱了！"然后它并没有真的变成金钱，或者至少现在还不是。

结论

金钱的未来

金钱是一个选择,或者一系列的选择。但它看起来并非如此;它看起来就是它本应有的样子。然后某个人灵光乍现,声称:我们把金钱整个都搞错了,有种更好的办法。

其他人则说:你在说些什么啊?我们现在用的就是真正的金钱。你说的不过是瞎编出来的疯话!

通常事情就到此为止。但每隔一段时间,出事儿了:一场金融危机,一次剧烈的政治变迁,或者有了种新的技术,抑或是三者的某种结合。然后突然间大家开始听取那些边缘人物对于金钱的奇怪看法了,随后新的东西也出现了:黄金支撑的纸币,或者毫无支撑的纸币,抑或电脑上的一串数字。

很多聪明人认为我们现在处理金钱的方式很滑稽好笑，他们自信自己有更好的办法。他们的想法很有用，不仅是想法本身有用，他们也能对我们有所提醒，即如今金钱的运行方式没有任何天生的理由或者不可取代的原因。我们知道未来的金钱会大不相同，只是不知道它会变成什么样子。下面是三种可能：

一个没有现金的世界

在金钱所有的可能变化中，其中有一个特别容易想到：纸币会消失。当你可以刷卡买一包口香糖的时候，用纸币还有什么意义呢？

这个趋势已经持续很久了。通过短信发送手机货币这种做法在 2007 年的肯尼亚就已经流行开来。

但在世界大部分地方，在支付应用普及的同时，一些奇怪的事儿发生了。年复一年，流通中的纸币的增速比整个经济的发展都要快得多。

2020 年，美国的男女老少人均对应 5000 美元的纸币现金（这不包括银行金库里的现金，仅仅是在外流通的部分）。欧元区和日本也差不多是这个数字。

这么多钱都在哪儿呢？人们拿这么多钱干什么？没人知道！就是有这么多纸片儿在外面啊！毫无疑问有人会拿着面值100美元的纸币去做合法及非常酷的事儿。有些发展中国家的人会用美元和欧元来保存自己毕生的积蓄，取代不可靠的当地货币和不靠谱的银行。同时，很多很多人在用很多很多的现金来逃税和贩毒、贩卖人口及买卖赃物。

我们敢做出这个推测的原因之一是，几乎所有这些现金都是大面值的。市面上百元面值的美钞比一元面值的多！所有美国人人均对应着四十多张百元面值的美钞。有超过一万亿的美元是以百元面值的美钞存在的。其中一个显而易见的事实就是百元面值的美钞（以及其他大面值钞票）在日常生活中不是特别好用，但在犯罪和逃税（这也是犯罪）的时候超级好用。

现金对于（诚实守法的）日常生活来说越来越没用了。但因为现金让犯罪更容易，所以现金不会自己消失，那么政府应不应该废除现金以打击犯罪呢？

最令人信服的反现金例子来自肯·罗格夫（Ken Rogoff），他是国际货币基金组织的前首席经济学家，如今在哈佛大学任教。他的看法不是完全废除现金，而是废除大面值的现金，也许最终还要用硬币来替换所有的小面值现金。这个想法能让小额现金交易继续存在，但让大额现金交易变得非常不方便，有效地提升使用现金犯罪的成本。

罗格夫提议废除现金还有另一个不那么直观的好处：允许央行更简单容易地设置负利率，帮助国家从经济危机中恢复。

当你把钱存在银行里，银行会支付利息，你的账户余额每个月都会增加一点。如果利率是负数，你的账户余额则会每月减少一点，这等于是你付给了银行保管费。如果这种情况发生了，你和很多人都会去银行，要求把所有存款以大面值纸币的形式提取出来，并塞进自家的保险箱里。欧洲的某些中央银行已把利率设定在了零以下，但小于百分之一，他们担心利率要是再低，人们就会把现金从银行里取出来。实际上，负利率的底线就是零利率加上把现金存在保险箱里的保管成本。

负利率听上去很糟糕。但在危机中，它可以让人人受益。2009年，当美国企业都在疯狂削减支出并且每个月都要解雇成百上千位员工时，美联储要是能够把利率降到零下可能会有效果。负利率会刺激慌乱中的企业去雇人和投资，而不是解雇员工和囤积现金。但2009年的时候美联储只能把主要利率降到了零，而且因为这个利率还不够低，失业率依然很高，开支保持在低位，经济陷入了停滞。

在瑞典这个发达国家，现金已经消失了。当我第一次听说的时候，我猜测是因为每个瑞典人都是完美公民，没人犯罪，所以他们才不需要现金。但事实恰恰相反。在21世纪最初10年的中期，瑞典发生了系列暴力抢劫案件，在其中一起案子里，一帮小偷偷了一架直升机，降落在现金金库屋顶，用大锤砸开了天窗，一路炸进金库，最后带着3900万瑞典克朗飞走了。警方还被小偷们安放在警方直升机机场的假炸弹以及路面上的尖刺拖住了。这帮小偷中的几个人后来被抓住还被判了刑，但被偷走的钱几乎一分都没有追回来。

这之后瑞典的现金使用率开始迅速下降。2010年，还有39%的瑞典人表示最近一次购物用到了现金，2018年的时候这个比例掉到了13%。全国几乎一半的银行分行不再可以提现和存款。银行不想要你的现金了。相反，它们鼓励人们刷卡购物或者使用一个名叫Swish的支付应用。在某些领域这引起了政治上的反弹。"我们不是反对数字化运动，但我们觉得进度有点太快了。"瑞典国家退休人员协会（Swedish National Pensioner's Association）主席表示。

2019年，瑞典通过了法律要求银行分行储备现金。（需要法律来强制银行准备现金了！）而瑞典央行（Riksbank），这家四百年前在欧洲发行了第一款由国家授权的纸币的中央银行，正在试图搞清楚如何发行电子瑞典克朗，即人们可以经由中央银行的账户或可重复充值的银行卡使用的一款数字货币。

也许现金消失这件事儿最让人震惊的部分是我们并不在意，就有点像个人支票已经经历过的一样。如果现金消失了，那小规模的逃税会很难存在，而监控经济会更深入地侵入我们的生活。政府需要提供内含补助的储蓄卡给那些没有银行账户的人。但今天，大部分的钱都已经不是纸币或硬币，而是人们银行账户里的钱。今日金钱的核心不是一张张的纸，而是银行存款，是记录在银行电脑上的数字。那就是金钱现在的样子，以及过去几十年来的样子。

现金会消失，但我们创造和管理金钱的基本方式会保持不变，会有中央银行、商业银行和影子银行。更大的变化要等到我们熟悉的银行消失后才会到来，而这个想法已经被数量超乎想象的聪明人倡议了很长一段时间了。

一个没有银行的世界

世界上绝大部分钱并不是仅仅存放在私人银行里，而是由私人银行创造的。当银行发放贷款后，带来的收益化作更多钱，最终被存入某人的银行账户里。

近一百年来，每一代人里最聪明的经济学家都说用这种方式来管理金钱很糟糕。从20世纪30年代开始，美国最有名的一群经济学家（包括我们的欧文·费雪）纷纷撰文说银行创造和毁灭货币的能力是"美国目前货币和银行体系里一个主要的松动螺丝钉"。他们的解决方式是，政府应该终结我们熟悉的银行体系。

政府取缔银行听起来像是一个极"左"的梦想。但很多喜欢自由市场且担心政府干预的经济学家已在讨论强制私人银行退出发行货币的业务了。这是对自由市场发起的圣战，甚至影响过里根总统和玛格丽特·撒切尔的米尔顿·弗里德曼也建议终结我们熟悉的银行体系。在（保守主义的）胡佛研究所（Hoover Institution）和（自由主义的）凯托学会（Cato Institute）任职过的现代经济学家约翰·科克伦（John Cochrane）称银行是"一个巨大的、充斥着依赖裙带关系的资本主义者的噩梦"。

银行是能够创造和毁灭金钱这种公共资源的私人公司。因为金钱太过重要，央行会给商业银行提供巨大但稀稀疏疏的安全网。央行是放贷方最后的救命稻草，政府保险则会为存款担保。来自不同机构的管理者一直尝试保证银行的安全，但有时候会失败。

2008年金融危机中，银行接受了救助，人们为这些大而不能倒的银行感到狂怒不已。愤怒完全是可以理解的，但问题不是银行太大或者银行家们太贪婪了，问题和银行的本质有关。银行业天然就容易遭遇风险。在任何大型的金融危机中，政府不得不在救助银行（无论大小）或者任由崩溃的银行带垮整个经济中做选择。

科克伦、弗里德曼和费雪在退后一步，凝视了这个系统后说道，等一下。为什么一切必须要是这个样子呢？问题的根源就是银行从事着两种迥异的业务。

1. 它们持有我们的钱，让我们更容易收到钱或者付出去。

2. 它们发放贷款。

所有这些伟大经济学家的论点最终简单地落在这里：把这些切分成独立的业务。这个想法的不同变体通常被称为"100%储备银行体系"（100% reserve banking）或者"完全储备银行体系"（full-reserve banking，和如今的部分储备银行体系相对），或者叫作"狭义银行"（narrow banking）。这些计划的细节各不相同，但下面有个简单的描述。

在这个新的世界里，有一种商业模式，就叫它货币仓库吧，它会持有我们的钱。我们的工资支票会被存到这里，账单也从这里的账户扣钱去支付。我们能够从货币仓库的ATM机上取现金。货币仓库则把我们的钱都存在美联储的一个账户上。我们也许需要为货币仓库保管我们的钱而支付一小笔费用，挺公平的，这是一个很有用的服务。

另一种业务，叫它放贷人吧，会发放贷款。这些贷款来自投资人，投资人则要在贷款无法偿还的时候做好承受损失的准备。目前已经有共同基金这样运行了。他们拿着投资人的钱去购买企业债券，这是一种借钱给企业的方法。如果企业不偿还贷款，投资人们会因此遭受损失。在一个没有银行的世界里，你可以用某些类似共同基金的机构取代银行来提供贷款。

在这个世界里不会存在银行挤兑这件事儿。如果每个人突然同时要求取回自己放在货币仓库的钱，货币仓库则会回应：好的，钱拿好。每个人都能拿回自己的钱。

很难过度描述这个变化会有多巨大。我们将不再需要存款保险，不再需要某个放贷人作为最后的救命稻草，也不再需要厚达几千页的条例来保证银行的安全。货币仓库和放贷人没法通过印钱来制造繁荣。更重要的是，他们也没法因为破产和破坏金钱的价值让经济崩溃。多好。

但非常仔细地想想，就又出现了两个问题。第一，总有人想要把钱存在别的地方并获得利息，也总有需要借钱的人以及追求利益的中间人。人们会不停地重新发明影子银行。而影子银行变大的时候就会带来大问题，就像21世纪最初10年的早期发生的一切一样，但理论上通过设立正确的条例可以解决这个问题。只是理论上而已。

第二个问题则要更奇怪也更有趣一点。如果我们真的禁止银行接受存款和发放贷款，大量的钱就会消失。如果我们阻止银行印钱，那钱要从哪儿来呢？简短的回答是央行将不得不发行多得多的钱。对金钱的掌控权也会从私人银行倒向中央银行。

在1933年的疯狂时刻里，曾有过向拥有完全储备银行的世界转变的一刻。但相反的是，我们最终选择了保留至今的体制：存款保险、保留至今的美联储，以及既接受存款又提供贷款的银行。在2008年的危机之后，英格兰银行行长说："在所有构成银行体系的方式中，最糟糕的一种就是我们现在的这种。"

但来自英国议会的反应和美国国会的反应如出一辙，都是在已有体系的基础上进行调整，而不是从根本上改变这个体系。这些立法者们发现，倾向于保持现状的阻力非常大。需要另一个大型金融危机才会让完全储备银行体系或者任何我们试图对金钱进行的激进改造，在政治上具备操作的可能。

一个政府印钱并发钱给任何想要工作的人的世界

2019年初，美国新当选的国会议员亚历山德里娅·奥卡西奥-科尔特斯（Alexandria Ocasio-Cortez）开始就大量新的政府项目提案，其中一个提案就是任何想要工作的公民都会获得一份政府工作。人们问她，政府要如何来支付这些岗位的工资？也许我们会对富人征税，她说道。或者，她又表示，我们完全可以花出去这些钱，不去担心如何偿还。她不是故意要油腔滑调，而是在描绘一幅关于如何看待金钱的奇怪新蓝图，这种想法在过去几十年里已经悄悄积蓄了势头，突然间到处都有人在谈论了（至少是货币极客们聚集的地方）。

这叫作现代货币理论（Modern Monetary Theory），它的根源要追溯到一个世纪以前，但我们可以从20世纪90年代一个名叫沃伦·莫斯勒（Warren Mosler）的对冲基金经理飞到罗马拜会意大利财政部长的故事讲起。莫斯勒当时意识到他可以从意大利银行借钱（意大利里拉），然后转手以更高的利息把钱借给意大利政府。这里是没成本的、保证会到手的利润，只要意大利政府不拖欠债务就行。所以他和财政部部长见面，想确保政府不会拖欠债务。

莫斯勒当时开始认为大部分人对货币工作原理的理解从根本上就错了。在金本位制度消失几十年后，他们还被困在金本位的思考模式里。他指出，和金本位的世界不一样，现在的国家发行自己的法定货币，借款借到的也是这种货币，永远不需要拖延债务。总可以印更多的钱来偿还债务。

莫斯勒知道印更多的钱有时候会导致通货膨胀。但并不总是有这个后果。他认为理解一个经济体的关键不是知道政府印了多少钱，而是要知道真实世界正在发生着什么。是不是每个想工作的人都有了一份工作？是不是所有工厂和写字楼里的公司都在全功率运行？只有当这些情况存在，并且政府还不断往经济里注入新印的货币来购买更多产品和服务时，才会导致价格上涨以及通货膨胀。

但如果经济体没有全速运行呢？如果有很多想工作的人没有找到工作呢，并且还有闲置的工厂和写字楼呢？这种情况下，随着政府注入更多的钱，购买产品，就会促使企业雇佣更多工人。莫斯勒认为，价格不会上涨，直到该经济体的就业岗位全满为止。

和大部分外国投资人不同，莫斯勒没有试着劝说财政部部长缩减开支。他想要说服部长的是意大利可以肆意印钱。财政部部长同意了。莫斯勒从意大利银行借来了里拉，然后转手再借给意大利政府。意大利政府还了钱，还付了利息。莫斯勒为自己的对冲基金赚到了大量美元。

同时，在美国，国会和总统开始加税以对抗预算赤字。莫斯勒和很多有钱人一样，都不喜欢更高的税率。但在这个基本的厌恶之外，他现在有了个更宏观的理论来证明为什么加税不是必需的。通货膨胀的水平很低，美国国内有失业的工人，相比加税，政府所需要的不过是花更多的钱而已。

莫斯勒认为政府需要先对公民征税才能花更多钱的想法本身就是落后的。政府通过征税收到的钱，是哪儿来的呢？美元的起源是哪儿？莫斯勒说，每当一个美元进入流通，是美国政府采购了某个东西，并经由美国财政部把钱打到了卖家的银行账户上。这就是美元首次进入流通的情形。而当政府收税，它不过是把最初自己印来买东西的美元又拿回来而已。

他决定自己必须要说服身居高位的权势人物，让他们知道自己关于世界的新观点是对的，其他人都错了。通过前老板牵线，他获得了和为多名总统工作过的唐纳德·拉姆斯菲尔德（Donald Rumsfeld，1932—2021）会面的机会。有点诡异的是，等莫斯勒飞到芝加哥后，他是在一间桑拿房里见到了拉姆斯菲尔德。后者让莫斯勒去见了阿特·拉弗（Art Laffer），这是一名因为支持低税率而闻名的经济学家。莫斯勒最后付了2.5万美元给一个拉弗的同事，作为联合作者写了一篇名为《软货币经济学》（Soft Currency Economics）的论文。

"在物质极大丰富的如今，放贷人却在鼓吹匮乏，"论文开宗明义地写道，"我们被告知（政府）无力雇佣更多的教师，而同时很多教师处在失业状态。我们被告知我们无力在学校发放免费午餐，同时过剩的食物被浪费掉了。"论文的核心思想是：不要总是担心财政赤字。政府印刷及支出多少钱都可以，只要有人在找工作并且经济中存在着还没有被用到的资源就行。

几乎没人读过这篇论文。莫斯勒在荒野中度过了数十年（这里的荒野我指的是加勒比海地区，他就住在那里，部分原因是为了避税）。他资助了一些非主流的、就同样想法进行着研究的经济学家，这些经济学家为这种看待世界的方式想出了一个名字：现代货币理论，简称 MMT。

20 世纪 90 年代中期，一个名叫斯蒂芬妮·凯尔顿（Stephanie Kelton）的年轻经济学家在莫斯勒资助的一个项目上做研究。她对这个理论感兴趣，但也存疑。她想搞清楚政府开支到底是如何执行的。不仅仅是理论上的，而是整件事本身。她花了好几个月来研究各种晦涩难懂的细节：阅读联邦的各种手册，和财政部负责把钱在政府账户上转进转出的人聊天。这些钱是哪儿来的？又去了哪儿？她的结论是：政府创造了美元，通过购买东西把新钱投入到循环中，又通过征税或借款把钱从流通里抽出来。

对凯尔顿和她的同事们来说，这里面的信息量巨大。他们大声疾呼，我们完全不用那么担心赤字，更无须过于频繁地担心赤字。他们表示，在目前的富余状态下，政府可以做得更多。也许最重要的是，他们认为，政府能够也应该给任何想要工作的美国人提供工作。如果开始通货膨胀了，政府就能够通过征税把钱从流通里抽出来，来给经济降温。

2015年，斯蒂芬妮·凯尔顿的研究获得了伯尼·桑德斯（Bernie Sanders）总统竞选团队的注意。桑德斯似乎对现代货币理论的细节不那么感兴趣，但他喜欢政府能够在保证提供工作一类的事上花很多钱的想法。凯尔顿成了桑德斯的经济顾问，开始向记者们分享现代货币理论的内容。随着民主党在两年后的中期选举赢得了众议院多数党地位，这个理论获得了进一步推动，一个新当选的国会女议员借助现代货币理论，建议也许政府可以开始做更多的项目，而不需要担心钱从哪儿来。

但没有政治家真的全身心相信现代货币理论。这不仅意味着宣称政府可以花很多钱，还意味着它宣称如果过高的开支导致通货膨胀，国会可以通过增税把钱从流通中抽出来，给经济降温。

传统经济学家质疑现代货币理论的很多论点。很多人不同意该理论的基本信条。但最后一点，关于我们可以信任国会去对抗通胀这一点，也许是最难接受的。没有任何理论上的原因。更多的原因是：确定吗？在通胀发生的时候委托国会增税来控制？别了吧。

我们现在对金钱的管理是不民主的。政治家们指定中央银行来控制一个国家（或者一个大陆）的金钱。然后，大部分情况下，政治家们不会去干预中央银行。如果中央银行的银行家们想要发行数以万亿计的美元，救助一个影子银行脱离风险，他们就可以这么做。如果中央银行的银行家们想要提高利率来对抗通货膨胀，他们也可以这么做，哪怕高利率意味着大量工人将会丢掉工作。我们选择了创造这个世界，选择了铐住民主的双手，让中央银行家们做他们觉得正确的事儿。

斯蒂芬妮·凯尔顿和现代货币理论的信徒们表示不一定非得是这样。金钱可以更加民主。我们不需要通过解雇工人来对抗通胀。但要想采取新方法，我们必须决定我们信任的是自己，信任的是我们选出的代表，信任他们来管理金钱。

***

2020年春天，就在此书付梓之际，新冠疫情重击了全球各个经济体。比之前更戏剧化的是，中央银行们按照沃尔特·白芝浩的建议，在恐慌中大肆放款。在21世纪，这意味着数万亿的美元、欧元和日元被借给了银行、影子银行以及普通行业。

还不清楚这场疫情会不会导致全面的金融危机，更不清楚的是它会不会给金钱的运行方式带来永久的改变。但某天，也许就在下周，或者十年后，就会有另一场金融危机，以及再下一场危机。科技会进步，政府会换届。人们对于个体和社会、银行和政府之间的平衡，以及隐私和便利、稳定和增长之间的平衡的看法也会改变。所有这些意味着金钱也会改变。我们现在管理金钱的方式在我们玄孙的眼中会显得奇奇怪怪，就好像这个世界的银行会发行印着圣诞老人的钞票一样。

致谢

斯隆·哈里斯（Sloan Harris）和希瑟·卡尔帕（Heather Karpas）是我在国际创作管理公司（International Creative Management，ICM）的代理，是他们要我写一本真正的书，并逼着我把这本书写精彩。阿歇特出版集团（Hachette）的保罗·惠特拉奇（Paul Whitlatch）买下了这本书的出版权，莫莉·韦森菲尔德（Mollie Weisenfeld）一路照拂着我完成了手稿，劳伦·马里诺（Lauren Marino）在最后给了莫大的支持，让本书变好了很多。

"金钱星球"不仅是我学到关于金钱和经济的知识的地方，它也是我学会讲故事的地方。对于所有与我在全国公共广播电台（NPR）共事过的人，我都有着深深的感激，但有个人我想特别感谢一下：戴维·凯斯滕鲍姆（David Kestenbaum）。戴维是我的导师，也是我在多年记者职业生涯中的"工作丈夫"[1]，他现在依然是我的好友。

布莱恩特·尔斯特达特（Bryant Urstdat）帮着想出了这本书的书名，基思·罗默（Keith Romer）给乱成一团的草稿提出了不少很好的意见，亚历克斯·戈德马克（Alex Goldmark）让我能轻松地从"金钱星球"的工作中脱身来写这本书。布鲁克林公共图书馆、纽约公共图书馆和哥伦比亚大学图书馆对本书也至关重要。

我的父母教会了我如何思考，并以身作则展示了什么是热爱书籍，我的女儿们正在再一次教会我这些东西。我的妻子，亚历桑德拉·奥尔特（Alexandra Alter）阅读了本书最初几版草稿，并就这本书和其他所有一切提供了指导，贡献了智慧。

---

1 Work husband，指在工作中彼此相处的时间很长，相处状态类似于一对共同生活的夫妻。——译注

注释

有几本书帮我在大体上构思了要如何来组织金钱的历史。这些书包括:《金钱史》(*A History of Money*),作者是 Glyn Davies;《货币崛起》(*The Ascent of Money*),作者是尼尔·弗格森(Niall Ferguson);《金钱》(*Money*),作者是约翰·肯尼斯·加尔布雷思;还有《千年金融史》(*Money Changes Everything*),作者是威廉·戈兹曼(William Goetzmann)。本书中的部分内容是我当初为"金钱星球"当记者时遇到的,在写作本书的过程中,我确认并拓展了自己之前所有的报道内容。

第一章

泽妮小姐的信是作为一则脚注被印在 *Traictie de la Première Invention des Monnoies de Nicole Orseme* 一书中,该书的编辑是 M. L. Woloski。Benoit Hochedez 为我翻译了这部分内容。这封信因杰文斯

大火（至少在研究金钱的书呆子群体里火了）；关于夸富宴的细节来自 Davies。

卡洛琳·汉弗莱关于以物易物的引述出自她的文章《以物易物和经济的瓦解》(Barter and Economic Disintegration)，文章刊载于期刊《人类》(Man)。大卫·格雷伯（David Graeber）在《债务：第一个五千年》(Debt: The First 5000 Years)里解释清楚了以物易物的大部分内容。传统文化里收送礼物的规则被广泛地讨论过，也许最知名的就是马塞尔·莫斯（Marcel Mauss）的《礼物：古式社会中交换的形式与理由》(The Gift)一书。不同文化中不同种类的类金钱物的细节则来自 Paul Einzig 的《原始金钱》(Primitive Money)。

关于书写是源自将陶制小物件的形状印在陶球上的想法，大体是由考古学家丹尼丝·施曼特–贝瑟拉（Denise Schmandt-Besserat）提出的，并在她的一本写给大众的著作《文字起源》(How Writing Came About)中有论述。我和加州大学洛杉矶分校（UCLA）荣誉退休教授 Robert Englund 也进行了交流，明白了美索不达米亚的会计方式和陶板。记录了阿巴撒加送礼的陶板则被记述在《大都会艺术博物馆的楔形文字》(Cuneiform Texts in the Metropolitan Museum of Art)中。

Robin Waterfield 的《创造者、征服者和市民》(Creators, Conquerors, and Citizens)提供了事关古希腊历史的有用细节，并阐述了城邦的崛起。主导了对吕底亚首都考古发掘的考古学家 Nicholas Cahill 就吕底亚人发明硬币同我进行了交流。戴维·沙普斯的《发明硬币及古希腊货币化》(The Invention of Coinage and the Monetization of Ancient Greece)予我大有启发。我和沙普斯沟通以更好地理解他书中的一些论点，他的书亦是关于亚里士多德引述的来源。

第二章

四川的硬币和纸币的发展是在对历史学家万志英（Richard von Glahn）的一次采访中他对我描述的。他的著作《剑桥中国经济史》（*The Economic History of China*）也是资料之一。

蔡伦造纸的细节源自 Mark Kurlansky 的著作《纸》（*Paper*）。现代学者们已经指出，和大部分发明一样，纸张的发明大概不是一蹴而就的，而蔡伦可能是在他人的基础上进行了改进。

关于假币的警告来自万志英的论文《再次审视宋朝纸币样本真伪》（*Re-examining the Authenticity of Song Paper Money Specimens*），文章发表于期刊《宋辽金元研究》（*Journal of Song-Yuan Studies*）上。

中国经济革命的细节出自伊懋可（Mark Elvin）的著作《中国历史的范式》（*The Pattern of the Chinese Past*）。关于餐馆的引述来自 Nicholas Kiefer 的论文《餐馆经济学及餐馆的起源》（*Economics and the Origin of the Restaurant*），刊载于《康奈尔酒店及餐馆管理季刊》（*Cornell Hotel and Restaurant Administration Quarterly*）。

中国蒙古人的故事来自 Morris Rossabi 的《忽必烈汗：他的生涯和时代》（*Khubilai Khan: His Life and Times*）、杰克·威泽弗德（Jack Weatherford）的《成吉思汗与今日世界之形成》（*Genghis Khan and the Making of the Modern World*）、万志英的《历史》（*History*），以及同万志英和 Rossabi 的对话。

彭慕兰（Kenneth Pomeranz）的著作《大分流》（*The Great Divergence*）在关于现代欧洲为什么能比中国富有这么多的问题上颇具影响力。在《中国市场经济，1000—1500》（*The Chinese Market Economy, 1000–1500*）中，William Guanglin Liu 对中国的经济繁荣

和最终的经济下行提供了细致分析，并细致描述了统治者们对金钱和市场观念的转变，它们是最终导致当时中国经济崛起和衰落的原因。

第三章

17世纪英国硬币的糟糕质量，连同其他地方的情况，都在托马斯·麦考莱的《英国史》(History of England)进行了讨论，这本书也是关于"扯皮"的引述出处。同历史经济学家Stephen Quinn和George Selgin的交谈帮我明白了金匠的部分准备金银行制度的出现。Quinn的论文《金匠银行业：重建伦敦中的相互接受和银行间清算》(Goldsmith-Banking: Mutual Acceptance and Interbanker Clearing in Restoration London)发表在《经济史探索》(Explorations in Economic History)中，Selgin的《不诚信的金匠》(Those Dishonest Goldsmiths)出自《金融历史评论》(Financial History Review)，也很有帮助。瑞士的铜钱是在Larry Allen《金钱百科》(The Encyclopedia of Money)中写到的，Gunnar Wetterberg的《金钱和权力》(Money and Power)亦有提及。

关于早期巴塞罗那银行家的细节来自Jesús Huerta de Soto的《金钱，银行信贷和经济周期》(Money, Bank Credit, and Economic Cycles)。Davies是书中有关英国银行运营，以及当查理二世决定不再还款的信息的主要来源。海军司库担心"不算是钱的废纸"的引述来自1672年1月的英国财政部会议记录，可在网上查询，同时这句话也被引用到J. Keith Horsefield的《英国纸币的起源》(The Beginnings of Paper Money in England)中，该文刊载于期刊《欧洲经济史》(Journal of European Economic History)。

如果你想读一下约翰·劳的传记（谁会不想读呢？），我推荐 Janet Gleeson 的《百万富翁：发明了现代金融的色鬼、赌徒和决斗者》（*Millionaire: The Philanderer, Gambler, and Duelist Who Invented Modern Finance*）。这本书趣味盎然，好读且机巧，是第三章到第七章里关于劳的生活的一些细节之出处。安托万·墨菲的《约翰·劳：经济理论学家和政策制定者》（*John Law: Economic Theorist and Policy-Maker*）也是这些章节的一个重要资料来源，在事关劳就金钱和经济方面的著述和思考尤其重磅。劳的故事同时也被弗格森、加尔布雷恩和 Davies 大量讨论过。

第四章

骰子点数的历史和数学在 Keith Devlin 的著作《未完的游戏》（*The Unfinished Game*）中有详细的描述。

Ian Hacking 的《概率论的诞生》（*The Emergence of Probability*）帮我思考了伴随着概率论崛起而在人类思想中出现的剧烈变化，也是四面拐子骨信息的来源。彼得·伯恩斯坦（Peter Bernstein）的《与天为敌：风险探索传奇》（*Against the Gods*）在关于帕斯卡和哈雷方面提供了有用的细节。

哈雷的论文被叫作《据布雷斯劳的出生和去世人口统计表得出的人类死亡率估计，并以此尝试计算年金费率》，其原本发表于《英国皇家学会哲学汇刊》（*Philosophical Transactions of the Royal Society*）。James Ciecka 发表于期刊《法律经济学》（*Journal of Legal Economics*）的《埃蒙德·哈雷的寿命表及其应用》（*Edmond Halley's Life Table and Its Uses*）是一份有用的指导。

华莱士和韦伯斯特寿险基金中的数据来自 J. B. Dow 的《18 世纪苏格兰的早期精算》(Early Actuarial Work in Eighteenth - Century Scotland),刊载于《精算师学院学报》(Transactions of the Faculty of Actuaries)。弗格森就华莱士和韦伯斯特的故事有很好的记述。

第五章

马特·莱文为彭博社撰稿,将金融比喻成时间旅行的引述来自他的"钱事"(Money Stuff)简讯,这系列简讯很棒。

本章最重要的信源是 Lodewijk Petram 的《世界上第一个股票交易所》(The World's First Stock Exchange),这本书包含对荷兰东印度公司、阿姆斯特丹股票交易所及伊萨克·勒梅尔所作所为的详细描述。同样有用的还有《现代企业的初创年代:荷兰东印度公司,1602—1623》(The Formative Years of the Modern Corporation: The Dutch East India Company VOC, 1602–1623),来自《经济史》(Journal of Economic History)期刊,作者是 Oscar Gelderblom、Abe de Jong 和 Joost Jonker;以及 J. G. van Dillen 的《伊萨克·勒梅尔和荷兰东印度公司的股票交易》(Isaac Le Maire and the Share Trading of the Dutch East India Company),本文由 Asha Majithia 翻译,刊载于《金融经济学先驱》(Pioneers of Financial Economics)卷一中。

《混乱中的混乱》一书的作者约瑟夫·德·拉·维佳生于西班牙。他的书最早以西班牙语出版,名为 Confusion de Confusiones。

第六章

关于阿姆斯特丹公共银行的细节：主要来自《早期公共银行》（Early Public Banks），这是一份芝加哥联邦储备银行尚在研究中的论文，作者是 William Roberds 和 François R. Velde；以及我对 Velde 的采访。

劳的《论金钱和贸易》在墨菲关于劳的传记中被详细讨论过。他在欧洲的游荡，以及在法国的崛起则有 Gleeson 和墨菲的描述。Lucy Norton 翻译的《圣西蒙伯爵回忆录》（The Memoirs of Duc de Saint-Simon）第三卷，是关于奥尔良公爵那骄奢淫逸生活方式的细节以及劳如何在巴黎社会中崛起的信息的绝佳来源。

关于英格兰银行的创办信息来自《直到最后一粒沙：英格兰银行史，1694—2013》（Till Time's Last Sand: A History of the Bank of England, 1694—2013），作者是 David Kynaston。报道摄政王往约翰·劳银行里存款的杂志是《摄政公报》（Gazette de la Régence），同时也被 Gleeson 引用过。

第七章

本章的关键信源是：Gleeson 和墨菲；François Velde 发表在《美国经济评论》上的《约翰·劳体系》（John Law's System）；以及我对 Velde 的采访。

摄政王母亲关于烟草的引述来自 Gleeson；求购银行股票之人从劳的烟囱里下来的描述来自圣西蒙；对笛福的话的引用来自《约翰·劳和密西西比骗局》（John Law and the Mississippi Scheme），这是笛福关于劳的文章的选集。

英国使馆官员就（劳的银行的）狂热的引述来自墨菲，法国政府感谢劳的话也来自他。

将罪犯流放到密西西比殖民地的事被记载于《路易斯安那和海湾南部的边疆，1500—1821》(Louisiana and the Gulf South Frontier, 1500–1821)，作者为 F. Todd Smith。通货膨胀的信息出自《约翰·劳体系之下巴黎的价格和工资》(Prices and Wages at Paris Under John Law's System)，由作者 Earl J. Hamilton 发表于《经济学季刊》(Quarterly Journal of Economics)。圣西蒙的引述来自他的回忆录。

关于约翰·劳在其体系崩溃后的生活细节，Gleeson 和墨菲是关键信源。

第八章

诺德豪斯关于照明历史的论文叫作《实际产出和实际工资的衡量标准是否反映了现实情况？照明的历史表明并非如此》(Do Real‐Output and Real‐Wage Measures Capture Reality? The History of Lighting Suggests Not)，它被发表在名为《新商品的经济学》(The Economics of New Goods) 的合集中。在论文中，他不仅分析了照明的历史，还总结称经济学家们一直低估照明技术的收益，以及作为结果，其也就低估了人们随着时间变富有的程度。

很多关于诺德豪斯研究的细节来自对他本人的一次采访。本章中的一些数字是诺德豪斯在我的要求下计算的（类似的数字也出现在了诺德豪斯的论文中，但要复杂得多）。

人们获得人造光源的细节，以及人们如何在夜里将自己锁在房中的故事，来自 Jane Brox 的《天才》(*Brilliant*)一书。关于托马斯·爱迪生的信息也来自《天才》和爱迪生论文集，后者由罗格斯大学(Rutgers University)传到网上。《纽约时报》关于健康检查员以及爱迪生大烟囱的文章也被《天才》引用了，原文发表于1911年1月17日。

第九章

关于勒德分子的很多细节描写来自《英国工人阶级的形成》(*The Making of the English Working Class*)，作者是 E.P. 汤普森（E. P. Thompson）。Kirkpatrick Sale 的《反抗未来》(*Rebels Against the Future*)也是有用的信源。

马克·安德烈森以《华尔街日报》专栏的形式刊出了《为什么软件在蚕食世界》(Why Software Is Eating the World)。

关于罗珀作价5英镑卖掉发明的故事来自《斯特鲁特家族和阿克沃特家族，1758—1830》(*The Strutts and the Arkwrights, 1758–1830*)，作者是 R. S. Fitton 和 Alfred P. Wadsworth。

对勒德分子信件的引述来自《勒德分子作品集》(*Writings of the Luddites*)，由 Kevin Binfield 编辑。我也采访了 Kevin Binfield 以获得对那个时代的一个概览。

那个时代里工人的工资数据，他们是如何成为刺激机械化的原因，以及他们在机械化之后是怎么停滞不前的，来自罗伯特·艾伦（Robert Allen）的《近代英国工业革命揭秘》(*The British Industrial Revolution in Global Perspective*)，以及他的论文《恩格斯的停顿：英国工业革命中的技术变革、资本积累和不平等现象》(Engels' Pause: Technical Change, Capital Accumulation, and Inequality in the

British Industrial Revolution），论文来自《经济史探索》（*Explorations in Economic History*）。

Eric Hobsbawn 将勒德分子们的进攻称为"经由暴动的集体谈判"，经济学家 Joel Mokyr 在一次采访中就勒德分子提供了有用的细节。

第十章

休谟的《政治论》发表于 1752 年，关于贸易的章节是"关于贸易平衡"（Of the Balance of Trade）。丹尼斯·C. 拉斯穆森（Dennis C. Rasmussen）所著的《异端和教授》（*The Infidel and the Professor*）帮我理解了休谟的著作，尤其是休谟对亚当·斯密的影响。

英国对金本位制度的意外发明是由 Davies 描述的，加尔布雷恩在美国的自由银币运动兴起方面很是专业。关于威廉·詹宁斯·布莱恩的细节来自《虔诚的英雄：威廉·詹宁斯·布莱恩生平》（*A Godly Hero: The Life of William Jennings Bryan*），作者是 Michael Kazin。摇滚乐乐评人 Greil Marcus 在他所著的《格雷尔·马库斯笔下的鲍勃·迪伦》（*Bob Dylan by Greil Marcus*）中用了"焦虑和成功"以及"恐惧和解脱"的说法。

麦金莱的演讲被记载于 William Harpine 的《麦金莱门廊竞选中的媒体宣传》（Playing to the Press in McKinley's Front Porch Campaign），刊载于《修辞学会季刊》（*Rhetoric Society Quarterly*）；完整的演讲刊于《印第安纳波利斯日报》（*Indianapolis Journal*），标题是《钱是关键》（Money is the Issue）。

关于欧文·费雪的关键信源是 Irving Norton 写的《我的父亲欧

文·费雪》(*My Father, Irving Fisher*)以及 Robert Loring Allen 的《欧文·费雪传记》(*Irving Fisher: A Biography*)。最近,西尔维娅·娜萨(Sylvia Nassar)在她了不起的作品《推手:改变世界的经济学天才》(*Grand Pursuit: The Story of Economic Genius*)中对费雪有着深度研究。我同时也依靠了费雪自己的作品,尤其是《货币幻觉》《稳定美元》(*Stabilizing the Dollar*)和《稳定的货币》(*Stable Money*)。

国内票房数据来自 Box Office Mojo;通货膨胀数据则出自劳动统计局(Bureau of Labor Statistics)的 CPI 通胀计算器。

第十一章

Thomas Govan 的《尼古拉斯·比德尔》(*Nicholas Biddle*)是比德尔的官方传记,亦是他早期生涯细节的信源。在对比德尔管理美国银行的工作的记录中,我依赖的是 Jane Knodell 的《美国第二银行》(*The Second Bank of the United States*)以及我对 Knodell 做的一次采访。纽约大学的 Richard Sylla 在一次明尼阿波利斯联邦储备银行的采访中,将比德尔称为"世界上第一位有自我意识的中央银行家"。

安德鲁·杰克逊生平的细节来自小阿瑟·施莱辛格的《杰克逊时代》(*The Age of Jackson*)、Jon Meacham 的《美国雄狮》(*American Lion*)和 H. W. Brands 的《安德鲁·杰克逊传》(*Andrew Jackson*)。塔尼对比德尔的抱怨来自塔尼的《银行战争手册》(Bank War Manuscript)。

布雷·哈蒙德的《美国的银行和政治:从革命到南北战争》(*Banks and Politics in America:From the Revolution to the Civil War*)是关于自由银行时代的关键信源。关于硬币的引述"金银如同迅捷的魔法一样在国内流动"来自1839年一家密歇根银行专员的报告,也被加尔布雷恩引用了。

流通的纸币数量统计来自《我们糟糕的现金体系》(Our Abominable Currency System),刊载于1863年2月13日的《芝加哥论坛报》(Chicago Tribune)。在一次采访中,作为关于那个时代纸币的一个尤其有趣的例子,Matthew Jaremski 提到印有圣诞老人的纸币。我在汤普森1859年的《纸币清单,汤普森纸币报告及商业报道附录》(Bank Note Descriptive List, Supplementary to Thompson's Bank Note & Commercial Reporter)中找到了一个圣诞老人纸币的例子。

法庭宣布交易纸币的权利应像交易小麦或棉花的权利一样自由的案子是1840年的华纳诉比尔斯案(Warner v. Beers)。旅行者不得不频繁兑换纸币的引述出自《朗兹书信集》(Letters of Lowndes)。重新思考自由银行时代的重要早期论文之一是《自由银行时代:再次审视》(The Free Banking Era: A Reexamination),作者是 Hugh Rockoff,刊载于期刊《货币、信贷和银行业》(Journal of Money, Credit and Banking)。Rockoff 和 Ignacio Briones 合著的发表于《经济学报观察》(Econ Journal Watch)的《经济学家们就自由银行时代达成一致了吗?》(Do Economists Reach a Conclusion on Free Banking Episodes?)是很好的对相关文献的概述。对沃尔特·白芝浩的引述来自他的书《伦巴德大街》(Lombard Street),它迄今仍是关于中央银行在危机中的作用的核心信源。

罗杰·洛温斯坦(Roger Lowenstein)的《美联储的诞生》(America's Bank: The Epic Struggle to Create the Federal Reserve)是对创建美联储的全面记录,以及很多关于美联储起源的细节的信源。

人们抱怨华尔街狡猾操作的引述来自 Paul Warburg 的《联邦储

备体系：起源和发展》(*The Federal Reserve System: Its Origin and Growth*)。Gary Gorton 写下了那句话：如果是华尔街的贪婪导致金融危机，那我们每个星期都会遭遇一场金融危机。

关于在一截火车车厢里秘密会面的引述来自国家城市银行（National City Bank）的行长 Frank A. Vanderlip，他在《周六晚报》(*Saturday Evening Post*)里描述了这一经历。

美联储在银行家们从哲基尔岛回来后诞生的细节来自洛温斯坦。

第十二章

利雅卡特·艾哈迈德（Liaquat Ahamed）的《金融之王：毁了世界的银行家》(*Lords of Finance*)是一本优秀、充满洞察的书，相比任何一本书，它对中央银行家们以及大萧条有着更深的洞察。这本书是本章的核心信源。

其他的核心信源是《美国货币史：1867—1960》(*A Monetary History of the United States, 1867–1960*)，作者是米尔顿·弗里德曼和安娜·施瓦茨，他们以详细的细节描述了联邦储备银行在这段时间的所为，以及是谁改变了经济学家们对大萧条的理解。

"自我应验式寓言"是在同名文章中被创造出来的，作者是 Robert K. Merton，文章刊载于《安蒂奥克评论》(*The Antioch Review*)。2012 年对经济学家们关于金本位制度的调查是由芝加哥大学布斯商学院的 IGM 论坛进行的。胡佛的"强迫美国脱离金本位制度意味着混乱"的引述来自 1932 年 10 月 4 日在艾奥瓦州得梅因的一场竞选演讲。

小阿瑟·施莱辛格关于"虚假体面"的引述来自他的著作《新政

的诞生，1933—1935》(*The Coming of the New Deal, 1933–1935*)。沃伦搭乘小飞机去拜会罗斯福的旅程被记录在 Eric Rauchway 的《货币制造者》(*The Money Makers*)中。关于随着金钱消失，以物易物再现的细节来自艾哈迈德。

对伍丁的引述来自 James Ledbetter 的《黄金下的国度》(*One Nation Under Gold*)。对罗斯福的引述来自1933年3月8日他的新闻发布会的官方记录。

当罗斯福告诉自己的参谋们他要让美国和金本位制度脱钩时，关于"西方文明的终结"的第一手记录来自 Raymond Moley 的《七年之后》(*After Seven Years*)。这一场景也被 Rauchway 描写了。欧文·费雪写给妻子的信件被引用至《我的父亲欧文·费雪》中。

1933年里价格、就业率和收入的恢复来自圣路易斯联邦储备银行。关于金本位制度如何导致全球经济衰退，以及为什么和金本位脱钩是扭转经济颓势之关键的核心著作是巴里·艾肯格林（Barry Eichengreen）的《金色枷锁》(*Golden Fetters*)。发表于《当代欧洲历史》(*Contemporary European History*)的艾肯格林和 Peter Temin 所著的《金本位和大萧条》(The Gold Standard and the Great Depression)是对"金本位心态"如何把普通的经济收缩变成大萧条的有用分析。

罗斯福写给一名哈佛教授的信件是被小阿瑟·施莱辛格引述的。

第十三章

关于影子银行是2008年金融危机核心的看法大体上是经由耶鲁大学的经济学家加里·戈顿（Gary Gorton）阐述而来（他也为 AIG 工作，后者在危机期间被联邦政府救助了）。戈顿的著作《对金融危机的误解》(*Misunderstanding Financial Crises*)是一本很好的概述。

布鲁斯·本特早期生涯的故事以及他对货币市场共同基金的发展，大部分来自我对本特和他儿子布鲁斯·本特二世的采访。

关于"储备基金"早期增长的部分细节来自《华尔街日报》为 Henry Brown 撰写的讣告《有益小投资者利益的货币市场基金联合发明人》(Co‑Inventor of Money‑Market Account Helped Serve Small Investors' Interest)，作者是 Stephen Miller。

货币市场基金的增长数据以及它们在购买商业票据中的角色来自 Arthur Wilmarth《废除〈格拉斯—斯蒂格尔法案〉之路》(The Road to Repeal of the Glass‑Steagall Act)，刊载于期刊《维克森林大学商业和知识产权法》(*Wake Forest Journal of Business and Intellectual Property Law*)，还有 Mitchell A. Post 发表在《美联储公报》(*Federal Reserve Bulletin*)的《1980年以来，美国商业票据市场的进化》(The Evolution of the U.S. Commercial Paper Market Since 1980)。花旗银行发明有资产支撑的商业票据被记录在《影子银行的壮大》(*The Growth of Shadow Banking*)中，作者是 Matthias Thiemann。

本特在2001年所说关于商业票据是"垃圾"的话在2008年被《华尔街日报》文章《一个货币基金经理的致命转变》(A Money‑Fund Manager's Fateful Shift)记录，作者是 Steve Stecklow 和 Diya Gullapalli，作者们追踪了本特在商业票据市场的行为。来自本特二世"与其说是简单，我们更愿意称其为审慎"的引述来自2000年11月6日《华尔街日报》刊发的文章《货币市场基金适合很多投资者，但骄傲的发明者为额外的风险表示担忧》(Money‑Market Funds Suit Many Investors, But Proud Creator Frets About Extra Risk)，文章作者为 Bridget O'Brian。

Zoltan Pozsar 的文章是关于机构资金池崛起的绝佳信源。比如，他同 Tobias Adrian、Adam Ashcraft 和 Hayley Boesky 合著的《纽约美联储员工报告："影子银行"》(*Federal Reserve Bank of New York Staff Report: "Shadow Banking"*)。Pozsar 也在一次采访中向我表达了他的看法。

麦卡利在 2007 年美联储于杰克逊霍尔举行的会议上提出了"影子银行"这个词。他后来在 2010 年 4 月的一场名为"危机之后：从父辈的银行那里学习规划一个新的金融结构"(After the Crisis: Planning a New Financial Structure Learning from the Bank of Dad) 的演讲中描述了那个时刻，这场讲话的文字稿被发表于 PIMCO 网站上。

对里克斯的引述来自他的著作《金钱问题：重新思考金融监管》(*The Money Problem: Rethinking Financial Regulation*)；里克斯也和我在一次采访中进行了对谈。

贝尔斯登崩溃的细节来自《金融危机调查报告》(*Financial Crisis Inquiry Report*)，由金融危机调查委员会发布。贝尔斯登和雷曼兄弟当时都在回购市场里大肆借入。

对本特"睡得安稳"的引述来自《华尔街日报》文章《货币基金之父批评自己的发明》(Father of Money Funds Raps His Creation)，作者是 Daisy Maxey。年报发布于 2008 年 5 月 31 日。

2008 年 9 月 15 日所在的这一周里，发生在主要储备基金公司之事的细节来自一桩 2009 年由证券和交易委员会提告的案子，被告是布鲁斯·本特、布鲁斯·本特二世、主要储备基金及其母公司。陪审团判定本特父子没有欺诈。他们认为本特二世在关于不作为的指控中有责任，母公司则被判做出了虚假声明。相关对话的直接引用来自法庭上被作为案子一部分而呈出的电话的文字记录。危机期间在纽约联邦储备银行工作的那个律师同我在一次采访中进行了交谈。

对布什总统的引述来自他在2008年9月19日的讲话"对国家经济的评论"（Remarks on the National Economy）的官方文字记录。

三十人集团报告名为《金融改革：促进金融稳定的框架》（Financial Reform: A Framework for Financial Stability）。反驳了彻底改变货币市场基金性质的行业报告是投资公司协会的《货币市场工作组报告》（Report of the Money Market Working Group）。

对希拉·贝尔的引述来自《华尔街日报》文章《为什么美联储不得不再次为货币市场基金兜底》（Why the Fed Had to Backstop Money-Market Funds, Again），作者是Paul Kiernan、Andrew Ackerman和Dave Michaels。

第十四章

David Marsh的《欧元》（The Euro）是一本关于欧元起源的绝佳著作，也是本章的主要信源，其中包括大部分欧洲领导人之间的早期交流内容。德国杂志《明镜周刊》（Der Spiegel）的文章《德国马克为了重新统一而牺牲了吗？》（Was the Deutsche Mark Sacrificed for Reunification?）也是一个重要的信源。珀尔和同事们在《1990年10月德国联邦银行月报》（Monthly Report of the Deutsche Bundesbank, October 1990）中讨论了"完全的政治同盟"。关于欧元诞生时在法兰克福燃放的焰火的记录来自《洛杉矶时报》文章《为了一个大陆而来的快乐新欧元》（It's Happy New Euro for a Continent），作者是

Carol J. Williams。

欧元区外围国家的经济快速增长是在欧洲委员会《2007年欧元区年度报告》(Annual Report on the Euro Area 2007)中被指出的。乔治·帕潘德里欧(George Papandreou)是披露了赤字高达12%的希腊首相;让-克洛德·容克(Jean-Claude Juncker)是那个当希腊的数据被发现后说出"游戏结束了"的人。

关于希腊的政府支出和逃税情况来自Jason Manolopoulos的《希腊的"可恶"债务》(Greece's 'Odious' Debt)。关于"资助了肆意挥霍……"的引述出自马丁·沃尔夫(Martin Wolf),出处是他的书《转型与冲击》(The Shifts and the Shocks)。《回望:欧元区的风险共担真正意味着什么》(A look back: what Eurozone 'risk sharing' actually meant)的作者是Marcello Minenna,该文由《金融时报》发表于线上,显示了德国银行借款给希腊、西班牙以及其他欧元区国家。德国对欧元区其他地方的贸易顺差是在《随着欧元区恢复,德国的贸易顺差可能加大》(The German trade surplus may widen with the euro area recovery)中被描述的,该文由智库Bruegel发表。失业率和经济增长数据来自圣路易斯联邦储备银行;联邦和州的税收数据来自《税收政策中心简报》(Tax Policy Center Briefing Book)。希腊和德国的退休年龄是在《经济学人》杂志的文章《是什么让德国人对希腊如此生气?》(What Makes Germans So Very Cross About Greece?)中提到的。关于科尔"政治联盟"的引述来自Otmar Issing的《欧元的诞生》(The Birth of the Euro)。

关于西班牙外交部长"泰坦尼克号"的引述源自《卫报》的报道文章《西班牙发出了欧元区末日将临的戏剧性消息》(Spain Issues Dramatic Messages of Impending Eurozone Doom),作者是Giles

Tremlett。马里奥·德拉吉的生平细节以及围绕着他"不惜任何代价"讲话的细节来自彭博社的报道《3个词和3万亿：马里奥·德拉吉如何拯救欧元的内幕》(3 Words and $3 Trillion: The Inside Story of How Mario Draghi Saved the Euro)，作者是Jana Randow和Alessandro Speciale。

第十五章

纳撒尼尔·波普尔（Nathaniel Popper）的《数字黄金》(Digital Gold)和罗·维格纳（Paul Vigna）同迈克尔·J.卡西（Michael J. Casey）合著的《加密货币时代》(The Age of Cryptocurrency)是关于比特币及加密货币故事的有用概述。Andy Greenberg的《杀死秘密的机器》(This Machine Kills Secrets)是讲述加密朋克故事的一本好书。

戴维·肖姆在杂志《ACM通讯》(Communications of the ACM)上发表了《无须身份认证的安全：能淘汰老大哥的交易系统》(Security Without Identification: Transaction Systems to Make Big Brother Obsolete)。肖姆在一次电话采访中向我描述了自己的早期生涯。我引述的专利是为"加密识别、金融交易和凭证装置"申请的。

对《连线》的引述来自《电子金钱（那就是我想要的）》(E-Money [That's What I Want])，作者是Steven Levy。对《纽约时报》杂志的引述来自《美元已死》(Dead as a Dollar)，作者是James Gleick。花旗银行的数字现金项目以及电子现金的国际性扩散在《加密货币时代》里有记录。对格林斯潘的引述来自一场1997年的讲话，题为"信息时代的隐私"(Privacy in the Information Age)。

蒂莫西·梅在一次采访中对我描述了他对肖姆所做工作的研究，

以及他在创造加密朋克中的角色。某些关于加密朋克的细节来自《杀死秘密的机器》以及杰米·巴特利特（Jamie Bartlett）的《暗网》（*The Dark Net*）。

班克1997年的那份邮件被储存在了hashcash.org网站上。《经处理定价，或者对抗垃圾邮件》发表于1992年密码学会议（the Crypto '92 conference）论文集中。戴伟的b-money提议则被记录在weidai.com上。中本聪写给戴伟的邮件则位于nakamotostudies.org。最初的比特币论文被称为《比特币白皮书》，可在bitcoin.org等地查看。2009年中本聪的信息位于nakamotoinstitute.org。拉斯洛用比特币换比萨的帖子曾在（现在还在）bitcointalk.org上。买比萨的买家被Mark Molloy在《每日电讯报》（*Telegraph*）题为《如今价值8300万美元，2010年著名的比特币买比萨事件的背后故事》（The inside story behind the famous 2010 bitcoin pizza purchase today worth $83m.）的文章中做了介绍。

对恐怖海盗罗伯茨的引述来自《地下毒品网站"丝路"创始人及激进自由主义者，恐怖海盗罗伯茨言论合集》（Collected Quotations of the Dread Pirate Roberts, Founder of Underground Drug Site Silk Road and Radical Libertarian），此文发表于福布斯网站。"丝路"网站上的毒品清单来自2013年9月27日美国政府诉罗斯·威廉·乌布利希（即恐怖海盗罗伯茨）一案的卷宗。对乌布利希审判中的引述来自《连线》的故事《"丝路"创始人罗斯·乌布利希被判终身监禁》（Silk Road Creator Ross Ulbricht Sentenced to Life in Prison），作者为Andy Greenberg。

那场参议院听证会名为"超越'丝路'：虚拟货币的潜在危机、威胁和前景"（Beyond Silk Road: Potential Risks, Threats, and

Promises of Virtual Currencies），证词被发表在委员会的网站上。《华盛顿邮报》的报道《一场对比特币的爱意盛宴的参议院听证会》(This Senate hearing is a bitcoin lovefest），作者是 Timothy B. Lee。《华尔街日报》援引风险投资人的报道是《比特币初创企业开始吸引真金白银》(Bitcoin Startups Begin to Attract Real Cash），作者是 Sarah E. Needleman 和 Spencer E. Ante。维萨的交易能力源自维萨官网（Visa's website）。加文·安德烈森的话来自我对他的采访。比特币的汇率来自 coindesk.com。

结论

肯尼亚的短信汇款系统叫作 M-Pesa。流通的现金数量以及面值数据来自美联储。肯·罗格夫在自己的著作《无现金社会》(*The Curse of Cash*）中提出了废除大额纸币。

瑞典现金劫案的细节被记录在杂志《安塔维斯特》(*Atavist*）的报道《飞贼》(Lifted）中，作者是 Evan Ratliff。瑞典不断下降的现金使用比例数据来自瑞典央行的报告《2019 瑞典支付情况》(Payments in Sweden 2019）中。对瑞典国家退休人员协会的引述来自《瑞典就推进终结现金有话要说，"别太快"》(Sweden's Push to Get Rid of Cash Has Some Saying, 'Not So Fast'），这是一篇由 Liz Alderman 发表在《纽约时报》上的文章。

关于"主要的松动螺丝钉……"的引述来自《货币改革方案》(A Program for Monetary Reform），这是欧文·费雪和其他几名经济学家在 1939 年撰写的一份报告。米尔顿·弗里德曼在《货币稳定方案》(*A Program for Monetary Stability*）中讨论了完全储备银行体系。对约翰·科克伦的引述来自我对他的一次采访。"在所有构成银行体系的方式中，最糟糕的一种就是我们现在的这种"引自Mervyn King在2010年的讲话，"银行业——从白芝浩到巴塞尔，再到巴塞尔"（Banking—from Bagehot to Basel, and Back Again）。

国会议员亚历山德里娅·奥卡西奥-科尔特斯支持现代货币理论的报道来自《商业内幕》（Business Insider）的文章《亚历山德里娅·奥卡西奥-科尔特斯表示赤字开支对经济有利的理论"绝对"应成为对话的一部分》（Alexandria Ocasio - Cortez says the theory that deficit spending is good for the economy should 'absolutely' be part of the conversation），作者是Eliza Relman。

斯蒂芬妮·凯尔顿和沃伦·莫斯勒在电话采访中向我讲述了他们的故事。莫斯勒的想法同时也在《经济政策的七个致命的无辜欺诈》（Seven Deadly Innocent Frauds of Economic Policy）中有记录。

MONEY: The True Story of a Made-Up Thing
by Jacob Goldstein
Copyright © 2020 by Jacob Goldstein
All rights reserved.

图字：30-2022-100号

图书在版编目（CIP）数据

金钱星球 /（美）雅各布·戈德斯坦(Jacob Goldstein) 著；李昊译 . -- 海口：海南出版社，2023.6

书名原文：Money: The True Story of a Made-Up Thing

ISBN 978-7-5730-1210-4

Ⅰ.①金… Ⅱ.①雅… ②李… Ⅲ.①经济学—通俗读物 Ⅳ.① F0-49

中国国家版本馆 CIP 数据核字 (2023) 第 124014 号

金钱星球
JINQIAN XINGQIU

作　　者	[美]雅各布·戈德斯坦
译　　者	李　昊
责任编辑	陈泽恩
特约编辑	肖　瑶
封面设计	陈超豪
内文制作	陈基胜

海南出版社　出版发行

地　　址	海口市金盘开发区建设三横路2号
邮　　编	570216
电　　话	0898-66822134
印　　刷	山东韵杰文化科技有限公司
版　　次	2023 年 6 月第 1 版
印　　次	2023 年 6 月第 1 次印刷
开　　本	850mm×1092mm　1/32
印　　张	10
字　　数	170千字
书　　号	ISBN 978-7-5730-1210-4
定　　价	58.00元

如发现印装质量问题，影响阅读，请与发行部门联系：0533-8510898